Dessen Stimme ich im Wind höre

Adolf Hungry Wolf

Dessen Stimme ich im Wind höre

Indianerleben in den Rocky Mountains

Illustrationen von Rita Mühlbauer
Deutsch von Simon Werle

Verlag Sauerländer
Aarau · Frankfurt am Main · Salzburg

Adolf Hungry Wolf
Dessen Stimme ich im Wind höre
Indianerleben in den Rocky Mountains

Deutsch von Simon Werle
Schutzumschlag, Illustrationen und typographische Gestaltung:
Rita Mühlbauer

Herstellung: Sauerländer AG, Aarau

ISBN 3-7941-2625-4
Bestellnummer 01 02625

CIP-Kurztitelaufnahme der Deutschen Bibliothek

Hungry Wolf, Adolf:
Dessen Stimme ich im Wind höre: Indianerleben in d.
Rocky Mountains. / Adolf Hungry Wolf.
Ill. von Rita Mühlbauer. Dt. von Simon Werle. –
Aarau; Frankfurt am Main; Salzburg: Sauerländer, 1985
ISBN 3-7941-2625-4

Ein Stoneyjunge mit seinem gescheckten Pferd vor dem bemalten Tipi seiner Familie, ungefähr zu Anfang dieses Jahrhunderts. (Foto: S. Curtis, Good Medicine Foundation)

Einleitung

Es ist früh am Morgen. Gerade geht die Sonne hinter den Rocky Mountains auf, deren schneebedeckte Gipfel unser schmales Tal in Westkanada überragen. Die ersten Sonnenstrahlen scheinen schon hell über die bewaldeten Hänge der Selkirks, einer anderen Bergkette, die von uns aus gesehen im Westen liegt. Rehe und Hirsche grasen friedlich auf einer Lichtung vor meinem Fenster. Ganz in ihrer Nähe erblicke ich zwei große schwarze Raben, die auf der Suche nach Futter über die Wiese hüpfen. Wie gut diese Morgenstimmung zu den Geschichten paßt, die ich auf den folgenden Seiten erzählen möchte!

Auch in diesem dritten Buch wollen meine Familie und ich über das althergebrachte Wissen der Indianer berichten, das wir bewahren wollen und das unser Leben hier in der Einsamkeit bestimmt.

Am vertrautesten sind uns die Indianer der Ebenen und Berge in unserer Umgebung, die Stämme der Stoneys, der Kootenays, der Flatheads («Flachköpfe») und der Schwarzfuß. Nur die ältesten unter diesen Indianern haben das alte, freie Indianerleben in ihrer eigenen Kindheit noch erlebt. Von ihren Erinnerungen wollen wir erzählen, von ihrem Land, ihren Wanderungen und ihrer Lebensweise, und von Okans und meinem Versuch, den alten Indianerpfaden in den Rocky Mountains einmal selber nachzuspüren.

Ein Spaziergang durch die Rockies

Der heftige, kalte Wind verschlug uns fast den Atem, als Okan und ich auf einem der Gipfel der Rocky Mountains standen. Okans Schwarzfußvorfahren nannten diese Gebirgskette das «Rückgrat der Erde».

Der Wind blies in unserem Rücken, von Westen her, aus der Richtung des Pazifik. Auf seinem Weg zu uns brauste er über viele hohe Gipfel und Bergketten hinweg. Dann schlüpfte er durch denselben Paß, auf dem wir die Rockies durchquerten – einen Paß, der sonst nur selten benutzt wird. Wir spürten den Wind, wie er über eiskalte Bergbäche wehte, durch kühle Kiefernwälder pfiff und sich in steinigen Schluchten verfing. Wir wußten, daß er den Geruch von Wapitis, Elchen, Grizzlybären mitbrachte, obwohl wir diese Tiere nicht sahen und unsere Nasen sie nicht von anderem Wild unterscheiden konnten.

Derselbe Wind wirbelte auch uralten Sand von unserem Pfad auf, über den schon zahllose mokassinbekleidete Füße gegangen waren. Unsere waren dabei für eine Weile die letzten, als wir diese steinige Wildnis auf dem Weg zu einem kleinen Stammeslager und Pow-Wow (Indianertreffen) durchquerten.

Unsere Reise hatte zu Hause begonnen, am Kootenay-Fluß, am Fuß der Rockies im Osten von British Columbia, und sie führte uns zu einem kleinen Reservat der Stoneyindianer, nach Eden Valley, dem «Paradiestal». Dieses Tal liegt am forellenreichen Wasser des Highwood-Flusses in der Nachbarprovinz Alberta. Wären wir Vögel gewesen, dann hätten wir kaum mehr als hundert Kilometer zurückzulegen brauchen, aber zu Fuß führte der Weg in vielen Kurven über Berg und Tal.

Zum ersten Mal hörte ich von diesem Pfad vor einigen Jahren, als ich mit zwei älteren Stoneyindianern – Hanson Bearspaw («Bärentatze») und Joe Kootenay – und deren Freund Andrew Michel auf einem Hügel in einem Tipilager saß. Ihre Leute haben diesen Pfad sehr lange als Reise-, Handels- und Jagdweg durch die

Berge benutzt. Jeder der drei alten Männer hatte an solchen Fahrten teilgenommen, und ihre Erzählungen weckten in mir den Wunsch, auch einmal eine solche Reise zu machen. Die vielen Jahre, die zwischen ihrer und meiner Fahrt liegen, sind in der Wildnis kaum von Bedeutung.

Joe Kootenays Vater war der Häuptling der Tobacco-Plains-Gruppe der Kootenays gewesen (der Gruppe aus der «Tabakebene»), seine Mutter eine Stoney. Ihre Lieblingsstrecke zur Überquerung der Rockies war der Krähennestpaß, auf dem auch unsere Familie noch häufig reist, obwohl er heute eine asphaltierte Straße ist, auf der wir mit unserem Lastwagen fahren können. Gerade weil wir Teerstraßen und andere einschneidende Veränderungen durch die moderne Zivilisation umgehen wollten, folgten mein Sohn Okan und ich dem weniger benutzten Pfad nach Eden Valley.

Joe erzählte, er habe unseren Pfad nur einmal benutzt, und zwar kurze Zeit, nachdem seine Mutter mit ihm zu ihrem Volk, den Stoneys, zurückgekehrt war. Das Hauptreservat der Stoneyindianer liegt zwischen der Stadt Calgary und dem Wintersportort Banff. Damals hatte ihn ein Verwandter gebeten, ihm dabei behilflich zu sein, eine Pferdeherde zu der Columbia-See-Gruppe der Kootenays zu bringen. Die Pferde wurden gegen gegerbte Felle und gegen Geld eingetauscht. Da Joe von Kindesbeinen an Kootenay sprechen konnte, diente er als Dolmetscher und erhielt dafür einen Teil der Waren. Als ich ihn danach fragte, woran er sich am besten bei dieser unwirtlichen Bergtour erinnerte, sagte er: «Daran, niemals wieder Pferde mitzunehmen!»

Als wir den windigen Gipfel erreicht hatten, verstanden Okan und ich, was er meinte, denn wir mußten von Felsblock zu Felsblock klettern – keine Spur von einem Pfad! Weiter unten hingegen war der Weg so bequem gewesen, daß unsere ganze Familie im Lastwagen mitgefahren war! In der Nähe unseres Hauses hat man nämlich einen Waldwirtschaftsweg auf dem alten Pfad angelegt, den die schweren Maschinen benutzen, mit denen die Bäume gefällt und aus dem Wald zu den Sägewerken transportiert werden. Anstatt zwei Tage lang in dem Dreck, dem Lärm und der Zerstörung einherzumarschieren, die bei einer solchen Arbeit nie ausbleiben, hatten wir uns entschlossen, das erste Stück des Weges mit dem Auto zu fahren.

Die Straße endete schließlich an einem verlassenen Campingplatz am Ufer eines kleinen Sees. Wir dachten, ab hier würden wir nur mehr Fußwege antreffen, stießen aber später doch noch auf Zeichen von Autos und Maschinen. Doch vor einem Lagerfeuer am See sah abends unsere dunkle Umgebung nicht anders aus als vielleicht schon vor vielen hundert Jahren.

Bevor wir wieder aufbrachen, nahmen wir alle gemeinsam ein Morgenbad im eiskalten Wasser des Sees, aus dem wir alle hellwach herauskamen! Sogar unsere vier Jahre alte Tochter Star hüpfte zähneklappernd ins Wasser. Nach dieser Abkühlung drängten alle zum Aufbruch.

Wir versuchten der Richtung zu folgen, die ein Wissenschaftler aufgezeichnet hatte, der vor einigen Jahren mehrere alte Indianer besucht hatte, um ihre Pfade zu studieren. Nach unserer Kopie seiner Landkarte mußten wir vom Campingplatz bergauf gehen, bis zur Quelle eines Baches, der in den See mündete. Wir sollten dann zu einer Bergkette kommen, die wir überqueren mußten, um das nächste Tal, das des Elk River, des «Hirschflusses», zu erreichen. Mit diesem Plan schulterten Okan und ich unsere Rucksäcke, verabschiedeten uns von unserer Familie und stiegen in einen Kiefernwald hinauf, der so dicht war, daß wir sie bald aus den Augen verloren.

Die Bäume wuchsen spindelförmig in die Höhe und standen so eng zusammen, daß ihre Zweige aussahen wie endlos lange Schwerter, die uns den Vormarsch verwehrten. Wir paßten auf unsere Augen auf und trugen Mützen zum Schutz des Kopfes, aber einer der dickeren Äste stieß so hart gegen meinen Rucksack, daß ein Schulterriemen riß. Ich trug eine schwere Last, unter anderem unsere Schlafsäcke, die meisten Kleidungsstücke und ein gutes Nylonzelt, das ein Freund aus der Schweiz von zu Hause mitgebracht und Okan geschenkt hatte. Glücklicherweise

hatte ich auch Nähzeug dabei, mit dem ich den gerissenen Riemen reparieren konnte, während Schnaken und Moskitos über mein schwitzendes Gesicht und meine verschwitzten Arme herfielen. Im Rückblick betrachte ich dieses kleine Mißgeschick als ein Vorzeichen der Schwierigkeiten, die noch auf uns zukommen sollten, damals aber brannten Okan und ich darauf, in die Berge hinaufzukommen, so daß wir uns keine Zeit nahmen, an Probleme zu denken. Die nächsten Stunden kämpften wir uns durch den dichten, dunklen Wald. Auf unserem Weg nach oben ahnten wir nicht, daß wir einen Berg bestiegen, der nur eine begehbare Seite hat. Als wir schließlich seinen baumlosen Gipfel erreichten, fanden wir uns am Rand eines Abgrunds, der uns keine Wahl ließ als die, auf derselben Seite, auf der wir heraufgekommen waren, auch wieder hinunterzugehen!
Das Panorama, das sich uns bot, war ehrfurchtgebietend, obwohl ich uns eine bessere Laune gewünscht hätte, um es richtig auszukosten. Vor uns fiel der Boden an die 600 Meter steil ab, darum legten wir uns auf die Erde, um den Anblick in Ruhe zu genießen. Weit unten in der Tiefe, aus der wir aufgestiegen waren, erblickten wir das Flüßchen, dem wir hatten folgen wollen. Es führte in ein Bergmassiv hinauf, zu dem auch der Berg gehörte, auf dem wir uns befanden. Doch wenn der beschriebene Pfad jemals bestanden hatte, dann war von ihm jedenfalls nichts mehr übrig geblieben.
Unsere Begeisterung für das Bergwandern ließ jetzt plötzlich nach. Es gab keine Zeichen, die uns einen Weg wiesen. Zu unserem Pech zogen sich auch noch dunkle Wolken über den nahegelegenen Gipfeln zusammen. Falls ein Sturm losbrach, wollten wir ihn lieber tiefer im Tal erwarten.
Unter günstigeren Umständen hätten wir den Nachmittag über auf dem Gipfel bleiben und Ausschau halten können nach Bergziegen und anderem Wild. Statt dessen eilten wir, um eine weniger sturmgefährdete Zone zu erreichen. Mehrere Male sahen wir Stellen, an denen noch vor kurzem Bären auf der Suche nach Futter Holzklötze und große Steine umgedreht

Kurz vor einem Berggipfel in den Rocky Mountains, an der Vegetationsgrenze, legt Okan eine Verschnaufpause ein. (Foto: Adolf Hungry Wolf)

hatten, und dabei wurde uns auch nicht wohler zumute. Obwohl vorsichtige Wanderer nur selten von diesen Tieren belästigt werden, hatten wir keine Lust, plötzlich einem großen Grizzly in die Quere zu kommen.

Schließlich mußten wir in den dichten Wald zurück, folgten aber diesmal einem ausgetretenen Tierpfad, der das Gehen sehr viel leichter machte als beim Aufstieg. Für einen zehn Jahre alten Jungen hielt sich Okan bei all dieser unnötigen Kletterei sehr tapfer, aber als uns ein Schauer plötzlich unter freiem Himmel überraschte, hörte ich ihn einen Augenblick lang schluchzen. Als wir das nächste Mal eine Rast einlegten, gab er zu, daß er sich verloren fühlte, aber vom Aufgeben wollte er nichts wissen. Sobald wir einen neuen Fluß gefunden hatten, der aus den Bergen kam, wollte er an ihm wieder sein Glück versuchen. Seine Begeisterung für Wanderabenteuer erinnerte mich an ein altes Gebet der Sioux, das Joe Kootenay gern immer wieder aufsagte:

«Oh großer Geist,
Dessen Stimme ich im Wind höre,
Dessen Atem der Welt das Leben gibt, höre mich!
Ich bin klein und schwach;
Ich brauche Deine Kraft und Deine Weisheit;
Laß mich in Schönheit einhergehen;
Laß meine Augen den roten und purpurnen Sonnenuntergang betrachten;
Laß meine Hände die Dinge achten, die Du geschaffen hast;
Laß meine Ohren hellhörig werden für Deine Stimme;
Mache mich weise, damit ich verstehen kann,
Was jedes Blatt und jeder Fels mich lehrt.»

Wir erfuhren bald, daß wir uns diesmal auf dem richtigen Pfad befanden, als wir einen Auswanderer aus Ostdeutschland trafen, der im Elk Valley lebte und auf dem Rückweg dorthin war. Er nannte das Land ein Paradies und erzählte, er verbringe viel Zeit damit, es zu durchwandern. Er schlug einen so schnellen Schritt an, daß wir unser ursprüngliches Tagesziel doch noch erreichten, einen alten Indianerlagerplatz namens Round Prairie an einer grünen Biegung des Elk River. Wir konnten sogar noch unser Zelt aufstellen und ein kurzes Bad im kalten Wasser nehmen, bevor es so dunkel wurde, daß wir kaum die Hand vor Augen sehen konnten. Die Sterne waren von schweren Wolken verborgen, die die Nacht über Wasser auf uns schütteten, obwohl wir in unserem Zelt gut und trocken schliefen.

Unser Freund sagte uns, von Round Prairie aus müßten wir einen ganzen Tag lang eine vielbefahrene Bergbaustraße entlangwandern, die von der Bergwerksgesellschaft angelegt worden war, für die er arbeitete. Zögernd nahmen wir sein Angebot an, uns am nächsten Morgen im Wagen bis ans Ende dieser Ausbaustrecke zu bringen, da die Straße wieder unseren Pfad überdeckte und kein anderer Weg durch das enge Tal führte. Nachher waren wir sehr froh, da es den ganzen Morgen über regnete und alles in unserem Umkreis feucht und trostlos schien. Die Wolken hingen so tief, daß sie die Berge einhüllten und jeden weiten Blick verstellten.

Nach der neuesten Landkarte, die unser Freund besaß, führte der Pfad, den wir suchten, über den Fording Paß. Er sagte, er werde uns an eine Stelle bringen, die gerade auf der anderen Seite des Elk River lag und von der aus wir geradeaus nach Osten weiterwandern könnten. Er erzählte uns auch, daß die Anwohner eine Zeitlang versucht hatten, eine Straße über diesen Paß bauen zu lassen, die den Weg nach Calgary, der nächstgelegenen Stadt, erheblich verkürzt hätte. Doch die Regierungsingenieure fanden die Strecke so unwegsam, daß ihrer Meinung nach der Bau durch den Bedarf nicht gerechtfertigt war.

Noch diesseits des Elk River fand unser Weg ein plötzliches Ende, weil eine Brücke offensichtlich weggeschwemmt worden war. Wir konnten die Straße am anderen Ufer sehen, aber um sie zu erreichen, mußten wir den kalten und reißenden Fluß zu Fuß durchqueren. Wir wußten nicht, wie tief das Wasser war, und ich war im Zweifel, ob ein Versuch nicht vielleicht für Okan

Frühmorgens am Elk River. Um uns aufzuwärmen, macht Okan ein Feuer, während Regenwolken die Berge im Hintergrund einhüllen. (Foto: Adolf Hungry Wolf)

gefährlich war. Der andauernde Regen ließ uns schließlich schnell entscheiden, daß wir genauso gut riskieren konnten, im Fluß naß zu werden, wie weiter im Regen dazustehen. Wir überlegten, ob wir unsere Mokassins anbehalten sollten, um unsere Füße vor spitzen Steinen zu schützen, kamen aber zu dem Schluß, daß es wichtiger war, auf der anderen Seite trockene Füße zu haben, und zogen sie deswegen aus.

Der Fluß stellte sich als weniger gefährlich heraus, als es zunächst den Anschein hatte, obwohl das Wasser so kalt war, daß wir bald in Händen und Beinen das Gefühl verloren. Wir überquerten ihn an einer breiten Stelle, an der Steine das Wasser kräuselten, so daß es uns unter der Gürtellinie blieb, obwohl es offensichtlich zu beiden Seiten sehr viel tiefer war. Unsere schweren Rucksäcke waren eine gute Hilfe gegen die Gewalt der Strömung, und wir konnten das Gleichgewicht bewahren, indem wir uns an den Händen hielten und unsere stabilen Wanderstöcke einsetzten. An einem warmen, sonnigen Tag wäre die Überquerung sogar ein Spaß gewesen.

Auf der anderen Seite setzten wir uns, um uns abzutrocknen, bevor wir wieder unsere feuchten Kleider anzogen. Um zusätzliches Gewicht zu vermeiden, hatten wir keine Regenmäntel dabei; darum zogen wir uns große Plastiktüten über, in die wir für den Kopf und die Arme Löcher schnitten. Eine Zeitlang fühlten wir uns verlassen, nachdem unser Freund nach Round Prairie zurückgefahren war, während wir weiter bergauf gingen, in die Einsamkeit unter dicken grauen Wolken.

Wir kamen nicht weit, bis wir abermals unsere Mokassins ausziehen mußten, um einen zweiten Bergbach zu durchqueren. Diesmal war er nicht so breit, aber dafür noch kälter. Wir sahen immer noch die Anzeichen einer Straße, obwohl die fehlenden Brücken sie für Fahrzeuge unpassierbar machten. Ein Schild an einem Baum in der Nähe des Flusses verkündete, die ganze Gegend sei für Motorfahrzeuge und für Fischfang verboten. Dies diente dem Schutz der hier sehr empfindlichen Umwelt und der vielen Bäche, in denen Forellen laichten.

Unser Pfad führte oft durch grüne Wiesen mit einem bunten Farbenkleid von Wildblumen und verschiedenen Beerenarten. Zu Hause in unserem eigenen Tal haben wir ähnlich aussehende Pflanzen, aber sie werden in den langen Sommern nacheinander reif. Die kurze Wachstumsperiode in den Bergen bringt sie hingegen alle gleichzeitig zum Erblühen. Wir sahen gelbe Orchideen und leuchtend rote indianische Pinselblumen neben großen Himbeer- und Heidelbeerbüschen. Von allen am besten schmeckten die wilden Blaubeeren, die nahe am Boden im niedrigen Gestrüpp hingen, und auch die winzigen süßen Erdbeeren im Gras. Überall wo diese Beeren reichlich wuchsen, legten wir Rast ein, und so hatten wir den ganzen Tag über dunkel gefärbte Lippen.

Den letzten Fluß überquerten wir, ohne unsere Mokassins

auszuziehen, indem wir einfach von einem Stein zum anderen sprangen. Danach führte unser Pfad dann wirklich steil bergauf. Die nächsten zwei Stunden ging es immer geradeaus auf einen hohen Gipfel zu, der in der Richtung unseres Passes lag. Der Regen hatte den steilen Pfad so glitschig werden lassen, daß wir bei jedem Schritt einen halben Schritt zurückzumachen schienen. Aber schließlich hatten wir doch die dicke Wolkenschicht durchquert und befanden uns endlich auf dem Gipfel in hellem Sonnenschein. Die Wärme ließ unsere Gesichter in einem Lächeln erstrahlen und Dampf aus unseren feuchten Rucksäcken und durchnäßten Kleidern steigen.
Jetzt waren wir im Land derjenigen Tiere, die sich am allerwenigsten um den Menschen kümmern und dabei doch am scheuesten sind. Unwillkürlich fragten wir uns, welche Augen uns in der Stille beobachteten und welche Nasen unseren Geruch schon eingefangen hatten. Alles, was wir hörten, war das Trillern kleiner Vögel und das schrille Pfeifen von Murmeltieren und kleinen Pikas (Pfeifhasen); beide sind Leckerbissen für Grizzlys und Adler.

Geschichten vom Grizzlybär

Als ich zum ersten Mal Eden Valley besuchte, lebte dort ein alter Stoneyjäger namens Jonas Dixon. Er war der einzige Mensch, den ich je kennenlernte, der einen Grizzlybär mit einer Feuersteinbüchse erlegt hatte. Nach seinen eigenen Worten betrachteten seine Vorfahren diese Leistung als eine Heldentat, die mindestens genausoviel galt wie das Erbeuten eines feindlichen Skalps. Er erzählte mir auch, wie sein Vater beinahe von einem Grizzly umgebracht worden wäre, dem dieser zufällig auf einem Bergpfad begegnet war.

Nachdem sein Vater zwei Bergschafe auf einer hochgelegenen Wiese erlegt hatte, war er ins Lager zurückgekehrt, um Packpferde zu holen. Der Wind stand in ihrem Rücken, als sie sich der Wiese näherten, damit die Pferde nicht vor dem Geruch der Schafe erschraken. Aber dadurch rochen sie auch nicht den Grizzlybär, der schon dabei war, die Schafe zu verzehren, denn dann wären sie rechtzeitig ausgewichen. So aber standen seine Pferde ganz plötzlich dem Grizzly gegenüber. Dieser griff sofort an und tötete auf der Stelle eines der Pferde.

Glücklicherweise gab dieser erste Zusammenstoß dem Mann genügend Zeit, um auf einen Baum zu klettern, auf den ihm der Bär nicht folgen konnte. Dabei hatte er sein Gewehr nicht losgelassen, aber sein Pulverhorn und seine Kugeltasche verloren. Mit nur einem Schuß aus seiner Büchse gelang es ihm, dem Bär das Rückgrat zu brechen, als er gerade das zweite Pferd zu Boden riß.

Obwohl er tödlich verwundet war, schleppte sich der Grizzly zum Stamm des Baumes hin und versuchte, ihn in seiner Wut umzureißen. Erst nachdem der Bär sich einige Zeit nicht mehr geregt hatte, fand der Mann die Kraft, herunterzusteigen und über den toten Grizzly hinwegzuklettern. Jonas erzählte, daß sein Vater nach diesem Abenteuer immer eine der gewaltigen Klauen des Bären an einer Halskette unter seinem Hemd trug.

Immer wenn er in seinem Leben eine schwierige Situation zu meistern hatte, erinnerte ihn diese Klaue an seine schreckliche Begegnung, und im Vergleich dazu erschienen alle anderen Probleme klein.
Jonas erzählte mir, daß er einmal auf der Jagd in den Bergen einen kurzen Kampf zwischen den beiden größten Tieren der Rocky Mountains, einem Grizzlybären und einem Elch, miterlebt hatte. Er hatte den Elch dabei beobachtet, wie er an einem kleinen See nach Futter suchte, und wartete mit seinem Schuß, bis er ans Ufer kam. Er wußte nicht, daß im nahegelegenen Gebüsch ein Jungtier versteckt war, bis er einen Grizzly bemerkte, der sich an das Junge heranschlich. Aber da sah auch schon der Elch die Gefahr. Im Nu war er aus dem Wasser und versetzte dem Grizzly einen heftigen Tritt mit seinen mächtig langen Beinen, so daß der Bär vor Schmerz aufbrüllte.

Als der Grizzly sich von diesem Angriff erholt hatte, stellte er sich auf die Hinterbeine, um die Lage besser zu überblicken. Bären haben kleine Augen, mit denen sie anscheinend nicht gut sehen, so daß sie sich oft aufrichten, um mehr zu erkennen. Der Elch faßte dies als eine weitere Drohung auf und griff darum erneut an; er warf den mächtigen Grizzly zu Boden, so daß er abermals vor Schmerz aufbrüllte. Danach ergriff der Bär schleunigst die Flucht. Jonas folgte seinem Beispiel, war aber sehr vorsichtig, denn er wollte keines der wütenden Tiere auf sich aufmerksam machen.

Obwohl Grizzlybären im allgemeinen früher von den Leuten gefürchtet wurden, gab es gelegentlich auch Freundschaft zwischen Bären und Menschen. So wurde ein bekannter Schwarzfußhäuptling als «Mann mit dem zahmen Bären» bekannt. Ein anderer berühmter Schwarzfußhäuptling war Lone Walker, der in seinem Tipi, seinem Zelt, mit zwei jungen Grizzlybären lebte, als Weiße sein Lager zu Anfang des neunzehnten Jahrhunderts besuchten.

Solche Geschichten von zahmen Bären müssen einen jungen Schuhmacher aus einer Kleinstadt angeregt haben, einen Mann namens John Adams, der später als «Grizzly Adams» weltberühmt wurde. Während des Kalifornischen Goldrauschs um die Mitte des neunzehnten Jahrhunderts zog er nach Westen und befand sich bald in dem gebirgigen Land, in dem große Bären hausten. Eines Tages gelang es ihm, einen jungen Grizzly einzufangen, den er in seine Hütte mitnahm und zu zähmen versuchte. Zunächst entwickelte sich die Beziehung gar nicht glücklich, als Adams versuchte, den Bären mit Freundlichkeit und Hätscheln zu gewinnen. Das Tier ignorierte ihn, und wenn er hartnäckig blieb, griff es ihn sogar an, obwohl es angekettet war. Da Adams ein großer und starker Mann war, entschloß er sich schließlich, den Bären mit seinen eigenen Methoden zu behandeln, um ihm zu zeigen, wer der Herr sei. So wartete er mit einem schweren Holzknüppel in der Hand, bis der Grizzly wieder versuchte ihn anzugreifen, und verabreichte ihm dann eine fürchterliche

Tracht Prügel. Danach wurde der Bär sehr gefügig und so freundlich, daß er ihn sogar zur Jagd mitnahm.

Einige Zeit später fing Adams einen zweiten jungen Grizzly, den er zu Ehren des berühmten Amerikaners Ben Franklin nannte. Er und Ben wurden so gute Freunde, daß sie nicht nur zusammen auf die Jagd gingen, sondern auch mehrere große Städte bereisten und dort als Schausteller auftraten. Im Jahr 1856 zum Beispiel waren die beiden eine öffentliche Sensation in San Franzisko. Bei diesem Besuch lebte Grizzly Adams in einer gemieteten Erdgeschoßwohnung mit Ben Franklin und anderen wilden Tieren und ließ die neugierige Menge Eintritt zahlen, wenn sie den Mann aus den Bergen mit seinen zahmen Bären besichtigen wollte.

Als Adams auf einer seiner Jagdunternehmungen von einem wilden Grizzly angegriffen wurde, rettete ihm Ben Franklin das Leben. Der zahme Bär begann einen grimmigen Kampf mit seinem wilden Artgenossen, der erst dann endete, als Adams mit seinem Gewehr auf einen Baum kletterte und den Angreifer ins Herz traf. Grizzly Adams starb schließlich 1860 an einer Krankheit, als er mit seinen Bären in New York zu Besuch war.

Der Gipfel unseres Passes war eben und mit Gras bewachsen, obwohl der Pfad ansonsten auf beiden Seiten meist felsig und zerklüftet war. Als wir uns umschauten, sahen wir nur dunkle Wolken, mit denen der Himmel verhangen war. Vor uns aber zeigte sich ein völlig anderes Bild. Als hielte eine unsichtbare Mauer die Wolken am Paß zurück, war der Himmel nach Osten hin völlig blau und klar. Um so eiliger hatten wir es, bergabwärts das Lager zu erreichen. Und natürlich freuten wir uns auch, wieder mit unserer Familie zusammenzusein, mit der wir uns dort treffen wollten. Um die Reise mit dem Auto zu machen, hatten die andern fast dreihundert Kilometer zurücklegen müssen!

Zu unserer Rechten hing ein schmutzig weißer Gletscher an den schattigen Wänden eines Bergkessels. Weiter nördlich waren weitere Gletscher zu sehen. All diese Berggipfel sahen verräterisch nach losen Felsen aus. Die wenigen Bäume, die in dieser Höhe noch wuchsen, waren kurz und verkrümmt, offensichtlich hatten sie Wind und Wetter getrotzt.

Eine Zeitlang war unser Pfad eben und der Boden weich, mit einer dichten, feuchten Erdschicht überzogen, auf der man nur schwer vorankam. Aber bald ging es auf der Ostseite bergab; wir kamen in eine Zone, in der häufig Steinschlag und Lawinen niedergingen. Diese hatten alle Wegmarken unter sich begraben, und so mußten wir zwischen spitzen Felsen und riesigen Steinblöcken sorgfältig nach unserem Weg suchen. Diese Nacht

Auf dem Kamm unseres Bergpasses ruht sich Okan aus. In der Ferne sieht man einen Gletscher, dessen Schmelzwasser in das darunterliegende Tal abfließt. Eisige Wolken hüllen die Berggipfel ein. (Foto: Adolf Hungry Wolf)

lagerten wir an der Stelle, wo der Bergpfad auf den Highwood River stößt, auf einer felsigen, baumbestandenen Wiese. Obwohl es schon spät war, setzten wir uns noch ein Weilchen hin und genossen im Licht des Vollmonds die Umgebung.

Am nächsten Morgen setzten wir unsere Reise fort und folgten dabei dem alten, historischen Nordpfad. Seit uralten Zeiten war dieser Weg eine wichtige Nord-Süd-Verbindung im Westen Nordamerikas. Er beginnt weit im Norden Kanadas, zieht sich an den östlichen Ausläufern der Rockies entlang und endet schließlich in der Nähe der mexikanischen Grenze. Unglücklicherweise war unser Abschnitt kurz zuvor zu einer Touristenroute ausgebaut worden, und der dabei aufgetragene harte Straßenbelag machte uns mehr zu schaffen als jeder andere Abschnitt unserer Reise.

Dieselbe Straße war ich schon einmal gefahren, als ich im Jahre 1970 zum ersten Mal das Eden-Valley-Reservat besuchte; damals war sie eine staubige, mit Schlaglöchern übersäte Verbindungsstrecke zwischen Eden Valley und dem großen Stoney-Reservat, das weiter nördlich lag. Schilder an jedem Ende der Straße wiesen darauf hin, daß die Reisenden über hundert Kilometer menschenleere Wildnis vor sich hatten. In wenigen Jahren wird dieselbe Gegend die Besuchermassen einer Winter-Olympiade erleben!

Meine erste Reise über diese Straße machte ich mit einem alten Stoneyindianer namens Douglas Poucette, der mich als Sohn «adoptiert» hatte. Wir besuchten damals seine Tochter Myna, meine Adoptivschwester, und ihren Mann Carl Lefthand, «Linke Hand». Myna war die Gerberin in der Familie, und wir hatten zwei frische Elchfelle, die bearbeitet werden mußten. Damals war die Lederbearbeitung bei den Stoneys noch sehr wichtig, während die meisten Frauen der benachbarten Stämme diesen mühsamen Erwerb schon aufgegeben hatten. Myna verdiente damit einen wichtigen Beitrag zum mageren Unterhalt ihrer Familie, aber in jüngster Zeit hat die Entdeckung von Erdöl- und Erdgasvorkommen im Stoney-Reservat genügend

Geld eingebracht, so daß jedes Stammesmitglied daraus regelmäßige Einkünfte bezieht.
Die Adoption durch Douglas Poucette war für mich völlig überraschend gekommen, da ich vor dem Abend, an dem sie stattfand, noch nie Stoneys besucht hatte. Doug und seine Frau Beatrice hatte ich wenige Wochen zuvor auf dem großen kanadischen Rodeofest, der Calgary Stampede, getroffen. Sie gehörten zu den wenigen Indianern, die jedes Jahr eingeladen wurden, ihre Tipis in einem Park vor den Eintrittstoren aufzuschlagen, um die Ureinwohner der Gegend als Botschafter von Freundschaft und Frieden vorzustellen.

Der alte Stoney Douglas Poucette, der gerade dabei ist, aus Adlerfedern einen Kopfschmuck für einen Stammeshäuptling zusammenzustellen. Die nun sogar unter Indianern selten und kostbar gewordenen Adlerfedern werden an einem alten Cowboyhut, dessen Krempe weggeschnitten wurde, befestigt. (Foto: Adolf Hungry Wolf)

Meine Adoptiveltern, die Stoney-Indianer Douglas und Beatrice Poucette. Douglas macht gerade eine Feder für einen Adlerkopfschmuck zurecht, Beatrice arbeitet an Perlen, und eine Enkelin genießt das Leben im Tipi. (Foto: Adolf Hungry Wolf)

Das Paar kam zu der Bank herüber, auf der ich saß, und betrachtete ruhig dieses «Tipilager auf der Kirmes». Sie fragten mich, wo ich zu Hause war, und sagten dann, sie selber wohnten irgendwo auf meinem Nachhauseweg. Als sie hörten, daß ich einen Tanz bei den Schwarzfuß besuchen wollte, luden sie mich zu ihrem eigenen Stammestanz ein, der zwei Wochen später stattfand. Als ich die Einladung annahm, lächelten sie, als seien sie wirklich sehr froh darüber.

Das Lager stand mitten in den Bergen, innerhalb der Grenzen des Banff-Nationalparks. Obwohl Touristen willkommen waren, herrschte hier eine völlig andere Atmosphäre als in der Stadt. Hier bestritten die Indianer alle Hauptattraktionen und nicht nur eine Cowboyschau. Es fanden Tänze, Umzüge und Wettrennen zu Fuß und zu Pferd statt. Und in der frischen Bergluft war alles sehr aufregend.

Doug und Beatrice hießen mich herzlich in ihrem großen Tipi willkommen, das bei meiner Ankunft gedrängt voll war mit Familienmitgliedern. Es war die Zeit, das Abendessen einzunehmen und sich für den abendlichen Tanz anzuziehen. Bevor das Essen, ein Elchbraten, aufgetragen wurde, hielt Doug eine kleine Begrüßungsansprache in seinem Heimatdialekt, der dem der Sioux verwandt ist. Ich verstand nichts, aber Beatrice machte eine kurze Übersetzung, in der sie sagte: «Er sagt, er ist glücklich, euch hier zu sehen und zu beobachten, wie ihr versucht, wie Indianer aus der alten Zeit zu leben. Damit du dich unter uns Stoneys zu Hause fühlst, nimmt er dich als seinen Sohn an. Von jetzt ab nennst du ihn Vater, und mich kannst du Mutter nennen; und dies sind einige deiner Schwestern und Brüder.» Ich weiß noch, daß ich überwältigt war von so viel Freundlichkeit, als ich aufstand und umherging, um meine neue Familie zu begrüßen. Schwester Myna und ihr Mann gaben mit den Anlaß für unsere Wanderung durch die Rockies. Okan und ich hatten schon eine Zeitlang den Plan gehegt, warteten aber auf ein lohnendes Ziel für die Reise. Als Myna uns im Sommer bei einem anderen Pow-Wow erzählte, daß sie und Carl ein Fest in Eden Valley ausrichten wollten, sagte ich ihr sofort, wir würden zu Fuß herüberkommen. Eden Valley liegt unserem Zuhause fast genau östlich gegenüber.

Jeder, der will, kann übrigens ein Pow-Wow ausrichten. Jedes Jahr werden sehr viele solcher Pow-Wows auch außerhalb der großen Indianertage abgehalten, die je nach Stamm an bestimmten Wochenenden gefeiert werden. Jede Turn- oder sonstige Halle dient als Tanzfläche, wenn draußen das Wetter schlecht ist. Gruppen von Freunden veranstalten einen Tanz, um ihre vielen Verwandten zusammenzubringen. Einzelne Familien richten oft zu Ehren ihrer Verstorbenen Tänze aus. Außer dem Tanzplatz müssen die Veranstalter auch eine Gruppe von Trommlern und einen Ausrufer stellen. Die meisten Gastgeber bieten auch während des Tanzes eine Mahlzeit an, für die oft mehr als eine Lastwagenladung Lebensmittel herangeschafft werden muß.

Ein Gespräch mit Johnny Lefthand

Die Sonne ging schon unter, als wir endlich das Lager in Eden Valley erreichten, nachdem wir als letzten Fluß den Highwood River überquert hatten, in dessen kühlem Wasser wir unsere müden Glieder erfrischten. Aus der Entfernung konnten wir nur zwei Tipis sehen, aber der Tanz sollte ohnehin erst am nächsten Tag beginnen. Als wir näher kamen, sahen wir, daß auch mehrere Zelte aufgeschlagen waren und einige Familien dabei waren, sich andere Unterkünfte aufzubauen. In kurzer Zeit war das Lager doppelt so groß.

Wir erfuhren von ihren Kindern, daß Myna und Carl nach Calgary gefahren waren, um die letzten Besorgungen zu machen. Sie hatten noch keine Zeit gehabt, ihr großes orangefarbenes Tipi aufzuschlagen; sie hatten allerdings auch ein modernes Haus auf der anderen Straßenseite. Ihr Hof bot ein kontrastreiches Bild der modernen Verkehrsmittel der Stoneys – drei Pferde, zwei Motorräder und ein Lastwagen mit Allradantrieb. Vor einer Generation sah man noch häufig Pferdegespanne, die im Reservat die Wagen zogen, auf unserer Reise aber begegnete uns keiner.

Mit meiner Schwester hatten wir die Ehre, im Lager vom Onkel ihres Mannes, Johnny Lefthand, begrüßt zu werden. Das Eden-Valley-Reservat entstand Ende der vierziger Jahre zum Teil durch seine politischen Bemühungen. Damals versuchte die Bundesregierung, die Indianer dazu zu bewegen, einen Teil ihres Landes aufzugeben, anstatt neues zu erwerben. Er erklärte uns das so:

«Zur Zeit meines Großvaters schickte die Königin von England ihre Gesandten, um einen Vertrag zu machen. Sie versprach uns, uns in diesen Bergen leben und jagen zu lassen, solange die Sonne scheint, das Gras wächst und die Flüsse fließen. Später wollte die kanadische Regierung uns alle in einem einzigen Reservat in der Nähe von Morley ansiedeln, aber einigen von uns war dieser Platz zu eng.

Johnny Lefthand, ein berühmter Rodeomeister und Abgeordneter des Eden-Valley-Reservats. (Foto: Adolf Hungry Wolf)

Als Junge lebte ich in der Nähe von Morley und ging dort zur Schule, obwohl wir unser Lager auch oft hier aufschlugen. Ich kümmerte mich nicht viel um unsere Landprobleme oder um Politik. Ich wurde ein Cowboy und Rodeoreiter. 1939 kam ich in nähere Berührung mit dem modernen Leben, als ich mehrere Monate lang in Australien war. Mit mehreren anderen zusammen wurde ich dorthin geschickt, um australischen Cowboys das Reiten und Rodeotechniken beizubringen. Auf der Reise sah ich Menschen, die wirklich arm waren, ohne Land, ohne Zuhause und ohne eine Familie. Dadurch schätzte ich mein Volk und meine Heimat noch mehr als je zuvor.

Als ich zurückkam, hatten meine Verwandten ihr Lager ganz in der Nähe von hier aufgeschlagen und arbeiteten auf einer großen Ranch. Sie hüteten Rinder, drückten ihnen Brandzeichen auf und bauten Zäune. Der Rancher war gut zu unseren Leuten, aber ich sah sofort, daß wir diese Arbeit genausogut für uns selbst tun könnten, wenn wir das nötige Land hätten. Als ich das den älteren Stammesangehörigen sagte, rieten sie mir, ich sollte den Regierungsbeamten das Anliegen vortragen.

Als erstes ging ich zu unserem Stammeshäuptling in Morley, aber der lachte nur. Er sagte, unser Stamm habe schon ein Reservat erhalten und die Weißen gäben uns kein zweites. Aber ich wollte nur um so entschlossener durchsetzen, daß sich unsere Leute dort niederlassen durften, wo sie schon immer ihr Lager aufgeschlagen hatten. Ich wurde hier geboren, mein Vater und auch schon mein Großvater. Sie lebten in dieser Gegend, bevor die ersten Weißen kamen.

Mehrere Jahre gingen vorüber, in denen ich viele Briefe schrieb und viele Unterredungen hatte. Anscheinend will die Regierung ausprobieren, ob sich die Leute entmutigen lassen. Als sie sah, daß das bei mir nicht der Fall war, gaben sie schließlich ihre Entscheidung bekannt. Sie konnten uns kein regierungseigenes Land zur Verfügung stellen, aber wir bekamen fünfhunderttausend Dollar, um ein eigenes Reservat zu kaufen. Damals war Grund und Boden ziemlich billig, und also kauften wir dieses Land, eine alte Ranch von fünftausend Morgen, für nur fünfunddreißigtausend Dollar. Mit dem Rest des Geldes bauten wir Häuser und kauften die nötigen Geräte.

Dieser Ort ist für uns etwas Besonderes, weil unsere Eltern und Großeltern hier ihr Lager hatten und auf die Jagd gingen. Aber es läßt sich schlecht davon leben, und darum haben wir in der Zwischenzeit neues Land dazugekauft. Weiter draußen in der Prärie haben wir eine kleine Ranch, die unser Vieh mit Futter versorgt. Dort leben zwei Familien, die die Arbeit tun. Ein weiteres Stück Land in der Nähe wurde vor kurzem zu demselben Zweck gekauft. Da wir jetzt über vierhundert Köpfe zählen, haben junge Familien nicht genügend Platz, um sich niederzulassen, und darum halte ich schon wieder Ausschau nach neuem Land.»

Die Stoneys waren ursprünglich Assiniboineindianer – Verwandte der Sioux –, die weit weg von den Bergen in der Ebene lebten. Sie verließen vor mehreren hundert Jahren den Hauptstamm in einzelnen Gruppen. Als kleine Stammesverbände waren sie immer in Gefahr, angegriffen zu werden, und um dem zu entgehen, zogen sie sich in die Berge zurück. Für sie sind die Rocky Mountains immer noch heilige Plätze, und die Überlieferungen ihrer in der freien Natur lebenden Vorfahren sind Bestandteil ihres Alltags.

John Snow (John «Schnee»), ein gewählter Häuptling der fünfhundert Mitglieder zählenden Stammesgruppe der Wesley und ein geweihter Geistlicher, faßt die heutige Philosophie der Stoneys so zusammen:

«Wenn wir nicht versuchen, die Umwelt zu schützen, wenn wir Gottes Schöpfung nicht achten, wenn wir nicht Menschen und Tiere achten, sind wir verdammt! Die Hölle, von der das Christentum spricht, wird dann Wirklichkeit.»

Als Häuptling seiner Stammesgruppe half John Snow, ein neues Konzept für schulpflichtige Indianerkinder mit Hilfe des Stoney-Bildungsprogramms durchzusetzen. Er sagte: «Wir wollen sicherstellen, daß unsere Schulkinder die Geschichte ihrer Vorfahren kennenlernen, daß sie ihre Philosophie und ihre Kultur genauso aufnehmen wie die normalen Schulfächer. Nur so können unsere Kinder ihre Identität erfahren und stolz auf sie sein.»

Seit der Gründung des kleinen Reservats ist Johnny Lefthand bei Stammeskonferenzen und anderen Anlässen gewählter Vertreter für Eden Valley. Man könnte ihn als den «Häuptling» von Eden Valley betrachten, obwohl die Gruppe offiziell nicht das Recht auf einen Häuptling hat. Durch seinen einstigen Ruhm als Rodeomeister ist er auch heute noch für viele Indianerjungen ein Held. Okan erzählte mir später, daß der Name dieses netten alten Mannes oft fällt, wenn er mit seinen Freunden Rodeo spielt.

Als wir Johnny von unserer Reise erzählten, sagte er, er habe einmal denselben Bergpaß überquert, allerdings nicht wie seine Vorfahren, um die Kootenays zu besuchen. Er brachte eine Reisegruppe von der Ostküste zurück, die er zum Fischen und

Eine Stoneyfamilie im Banff-Nationalpark um 1920. (Foto: Good Medicine Foundation)

Jagen über den Nordpfad nach British Columbia geführt hatte. Er erwähnte auch, daß Naturschützer der Regierung in der Nähe dieses Pfades tags zuvor, als wir noch unterwegs waren, einen sehr großen Grizzly eingefangen hatten. Der Bär erhielt eine Plakette und wurde dann freigelassen, anscheinend im Rahmen einer Studie, mit der man herausfinden will, wieviele Grizzlys es noch gibt und wo sich ihre Reviere befinden. Die zunehmende Zahl von Wanderern, die in die unwirtliche Gegend vordringen, hat in den letzten Jahren zu mehreren tödlichen Zusammenstößen mit diesen Tieren geführt.

Am nächsten Morgen begegneten wir dem dreiundachtzigjährigen Mark Lefthand, dem ältesten Stoney, der in Eden Valley lebt. Er ist Johnnys Bruder und der Vater meines Adoptivschwagers Carl. Er und seine Frau schlugen neben dem Tipi ihres Sohnes und ihrer Schwiegertochter ein kleines weißes Zelt auf. Er war ein schmaler Mann mit kurzgeschorenem Haar und einem abgetragenen Cowboyhut, der sein runzliges Gesicht vor der Sonne schützte, sprach gutes Englisch und lud uns ein, zu einem kurzen Besuch vor seinem Zelt Platz zu nehmen. Er hatte von unserer Wanderung gehört und wollte sich nähere Einzelheiten erzählen lassen.

Er sagte, dies erinnere ihn an die Geschichten, die seine Vorfahren über Wanderungen durch die Rockies erzählten. Er ließ uns auch wissen, daß er es für sehr wichtig hielt, daß Väter ihre Söhne auf ihren Fahrten durch die Wälder und in die Berge mitnähmen. Solche Erfahrungen, sagte er, seien so wertvoll wie die Zeit im Klassenzimmer. Er wünschte, er wäre noch jung genug, um mit uns gemeinsam eine solche Reise zu machen.

Mark erzählte uns eine schauerliche Geschichte über Grizzlybären, die sich vor über hundert Jahren, als sein Großvater noch ein Junge war, ganz in der Nähe von Eden Valley zugetragen hatte. Der Stamm litt unter einer Pockenseuche, und die einzelnen Gruppen hatten sich zerstreut, um ihr zu entrinnen. Eine dieser Gruppen hatte ihr Lager im Süden aufgeschlagen, im Glauben, durch die Isolation geschützt zu sein. Aber ihre Rechnung ging

nicht auf, und bald waren die Hütten angefüllt mit Kranken und Sterbenden. Schließlich blieb niemand mehr übrig, die Toten zu begraben, und so wurden die Leichen einfach in die Wälder geschleift.
Das geschah im Frühling, gerade nachdem die Bären nach dem Überwintern wieder hervorkamen und Futter suchten. Sehr bald taten sich mehrere Grizzlys an den Leichen gütlich. Als schließlich keine mehr übrig war, wurden die Bären übermütig und kamen in das Lager, um die Leute anzugreifen, die sich nicht verteidigen konnten. Nur wenigen gelang es, zu entkommen. Später schlugen die Stoneys nie wieder dort ihr Lager auf. Die Zahl der Angriffe von Grizzlys auf Menschen stieg sprunghaft an. Es wurde vermutet, daß die Bären am Menschenfleisch Geschmack gefunden hatten.

Während Okan und ich bei Mark zu Besuch waren, traf der Rest unserer Familie zu dem Pow-Wow ein. Meine Frau Beverly brachte eine besondere Überraschung für Okan mit: sein eigenes kleines Tipi, das er sich so sehr gewünscht hatte. Auf dem Lagerplatz fanden wir bald ein Dutzend kleiner Pfosten, die für die anderen Leute zu kurz waren, und mit diesen war das Zelt schnell aufgeschlagen. Es bestand aus weißem Segeltuch, aber Okan wollte es halb rot, halb gelb streichen, um Sonnenaufgang und Sonnenuntergang darzustellen. Diese alte Schwarzfußzeichnung wurde zuletzt von Okans Urgroßvater Pat Weaselhead («Wieselkopf») benutzt, dem er sehr nahe stand. Bevor er starb, hatte Pat festgesetzt, daß die Zeichnung auf Okan übergehen solle. Die anderen Jungen haben ähnliche Tipizeichnungen von den alten Leuten unserer Familie erhalten.
Obwohl das Lager in Eden Valley im Verhältnis zu vielen ande-

ren Pow-Wows eher klein war, gab es für jeden genug zu tun. Außer den Mitgliedern verschiedener Stammesgruppen der Stoneys waren Besucher von Nachbarstämmen anwesend, und auch einige unserer Verwandten von den Blutindianern waren gekommen. Da die meisten Tänze abends stattfanden, verbrachte man die Tage mit Besuchen und genoß die friedliche Stimmung der Berglandschaft. An alle Teilnehmer wurde Fleisch, Brot und Konservennahrung ausgegeben, so daß niemand hungern mußte.

Tagsüber bestand die Hauptattraktion aus dem nahegelegenen Rodeogelände. Hier ritten indianische Cowboys auf Pferden und Stieren um die Wette oder machten Jagd auf Kälber und Kühe, um zu sehen, wie schnell sie sie mit dem Lasso einfangen und zu Boden werfen konnten. Es gab auch Cowgirls, die ihr Geschick im Hindernisrennen erprobten und ausprobierten, wer die Hindernisstrecke am schnellsten schaffte.

Für viele indianische Cowboys sind Rodeos zu einer Lebensweise geworden. Sie haben organisierte Verbände, die die vielen Rodeoveranstaltungen verfolgen und über die jeweils erzielten Punkte Buch führen. Die Gewinner heimsen nicht nur Ehre und Aufmerksamkeit für sich und ihre Stämme ein, sondern bringen auch Preise nach Hause, wie zum Beispiel Gürtelschnallen, wertvolle Sättel und manchmal auch hübsche Geldsummen. Mehr als ein Stoneycowboy zog abends Hut und Stiefel aus und tauschte sie gegen die perlengeschmückte Tanzkleidung.

Am Ende des Tages, nach dem Abendessen, verkündeten tiefe Trommelschläge den Beginn des Pow-Wow-Tanzes. Über einen Lautsprecher hörten wir Roy Coyote, den «Kojoten», der alle aufforderte, sich bereitzumachen. Als Ausrufer war es seine Aufgabe, alle zusammenzubringen und für gute Stimmung zu sorgen. Das tat er mit viel Witz und guter Laune; manchmal machte er verschiedene Tierstimmen nach, darunter auch das Geheul seines Namensvetters. Wie ein wirklicher Kojote treibt sich dieser junge Cree-Indianer auf der Suche nach Pow-Wows und Festen überall herum.

Ein alter Großvater in Wildledertracht und mit Adlerfederkopfschmuck schaut dem Tanz zu, während zwei seiner Enkelkinder gerade eine Pause machen. (Foto: Adolf Hungry Wolf)

Mehrere hundert Menschen füllten die kleine Tanzarena, die zum Schutz gegen die kühle Brise aus den Bergen von einem kreisförmigen Zaun eingefaßt war. Jung und Alt saßen auf Stühlen und Bänken beisammen, und überall lagen Decken am Boden. Der Mittelpunkt war freigelassen zum Tanzen, das begleitet wurde von drei oder vier Gruppen von Männern, die abwechselnd sangen und schwere Baßtrommeln schlugen. Zusammen mit dem Klingen der Glöckchen, die die Tänzer an ihren Beinen trugen, ergab das den typischen Pow-Wow-Klang. Die Musik verstärkte noch den allgegenwärtigen Eindruck buntgekleideter fröhlicher Menschen.
Okan und ich waren überrascht und geehrt, als wir gebeten wurden, einen Solotanz aufzuführen. Roy Coyote erzählte der Versammlung, daß wir über den Bergpaß, der jetzt gerade in das

rote Licht eines schönen Sonnenuntergangs getaucht war, zu Fuß zu dem Pow-Wow gekommen waren. Obwohl die Reise uns nur als ein schöner Ausflug in die Berge vorkam, waren wir doch geschmeichelt, daß sie so viele andere beeindruckte. Als wir unseren Tanz beendet hatten, war der Boden ganz mit Münzen bedeckt: Unsere Vorführung hatte bei den Zuschauern Gefallen gefunden.

Viele Kinder trugen Tanzkleidung als Zeichen des wiedererwachenden Interesses der Indianer an ihren überlieferten Festen, die eine Zeitlang vom Aussterben bedroht schienen. Wie wichtig den Stammesältesten dieses Interesse ist, kann man aus dem folgenden Kommentar ersehen, den Joe Kootenay noch kurz vor seinem Tod gab:

«Ich habe gesehen, wie die verschiedenen Leute leben, und ich glaube, unsere jungen Indianer sollten stolz sein auf das, was sie sind und was sie haben. Wir müssen uns nicht schämen, Primitive zu sein, denn unsere Vorfahren lebten ein sehr gesundes und ehrliches Leben. Vor einigen Jahren reiste ich mit Walking Buffalo («Gehender Büffel») in viele Länder der Welt, unter anderem nach Deutschland, in die Schweiz und sogar nach Südafrika. Ich sah sehr moderne Leute und andere, die so primitiv waren wie unsere büffeljagenden Vorfahren. Aber ich sah niemanden, der mehr Grund hatte, dem großen Geist für das Leben dankbar zu sein, als meine eigenen Verwandten hier in den Bergen. Ich glaube, wenn unsere Kinder hart für ihre Familien arbeiten, dann können sie sich modernen Komfort leisten, ohne auf ihre überlieferten Sitten und Glaubensvorstellungen zu verzichten.»

Okan und seine Schwester Star in ihrer Stammestracht vor dem Pow-Wow-Tanz. Okans Gewand hat einen blauen Grund mit buntem Blumenmuster und ist mit Glasperlen besetzt. Stars Kleid ist mit Kaurimuscheln geschmückt, die zur Zeit des Tauschhandels hoch im Kurs standen. (Foto: Adolf Hungry Wolf)

Die Geschichte von Walking Buffalo

Stellt euch einen alten, verrunzelten Indianerhäuptling und Medizinmann vor, der einen Kopfschmuck aus Büffelhörnern und perlenbesetzte Wildlederkleidung trägt und in bestem Englisch zu einer Menge gefesselter Zuhörer in der Schweiz oder in Neuseeland spricht, und ihr habt Walking Buffalo. Vielleicht gab es auch andere Häuptlinge und Medizinmänner, die so weit reisten wie er, obwohl ich das bezweifle. Er hatte schon ein erfülltes Leben bei seinem Volk hinter sich, bevor er zum ersten Mal Amerika verließ. Als er schließlich zu reisen begann, war er fast neunzig, und er reiste im Flugzeug!

Walking Buffalo wurde in einem Tipi am Bow River geboren, der durch das heutige Stoney-Reservat in Morley (Alberta) fließt, nachdem er aus den Bergen des Banff-Nationalparks herabkommt. Sechs Jahre nach seiner Geburt schlossen die Stoneys einen Vertrag mit der kanadischen Regierung, in dem sie sich bereiterklärten, sich in diesem Reservat anzusiedeln.

Seine Mutter starb bei seiner Geburt, und darum gab ihn sein Vater Wolf Ear («Wolfohr») zu seinen Großmüttern in die Pflege. Sie suchten eine Ersatzmutter, die das mutterlose Kind zusammen mit ihren eigenen versorgen konnte. Er war ein großes Baby, und darum nannten ihn die Großmütter «Kleiner Bär», obwohl sein Vater ihm lieber den ererbten Namen seines eigenen Vaters gab, nämlich Walking Buffalo, «Gehender Büffel». Dieser Mann war ein Häuptling gewesen, und darum hoffte man, daß der Junge mit dem Namen auch dessen gute Eigenschaften erben würde.

Schon bald, nachdem der Junge alt genug war, um alleine wegzugehen, hatte er ein seltsames Erlebnis, das nicht nur seinen ererbten Namen bestätigte, sondern schließlich zu einer Stammeslegende wurde. Eines Tages verließ er das Tipi seiner Großmütter und verschwand. Ein Suchtrupp wurde nach ihm ausgeschickt, aber er ließ sich nicht finden. Man fürchtete schon, er sei

«Gehender Büffel», der Häuptling und Medizinmann der Stoneys, einige Jahre vor seinem Tod. Im hohen Alter unternahm er noch Reisen in aller Herren Länder, um Freundschaft und Verständnis unter den Völkern aller Rassen zu wecken. (Foto: Nicholas Morant, Canadian Pacific Corporate Archives)

von einem wilden Tier umgebracht worden, von einem Bären zum Beispiel, oder aber im Bow River ertrunken.
Der Junge blieb eine ganze Zeitlang verschwunden – einige sagen mehrere Tage und Nächte, andere sagen mehrere Monate. Man bat Medizinmänner, ihre Kräfte einzusetzen, um wenigstens seine Leiche zu finden, damit man ihn beerdigen konnte. Aber man fand ihn schließlich, wie er einer kleinen Büffelherde nachging. Der Legende nach wurde er von Jägern entdeckt, die sahen, wie er von einer Büffelkuh trank und dann mit den jungen Kälbern spielte.
Im Alter von neun Jahren gehörte Walking Buffalo zu der ersten Gruppe von Stoneys, die die Schule eines Weißen besuchten –

«Gehender Büffel» in jüngeren Jahren, wie er das Land der Stoneys an den Ausläufern der Rocky Mountains überblickt. (Foto: Good Medicine Foundation)

der Unterricht fand in einem Holzhaus unter der Leitung eines Missionars namens John McDougall statt. Der Junge war ein sehr guter Schüler, der schnell lernte, obwohl er lieber draußen in der Natur war und dem Unterricht so oft wie möglich fernblieb. Eines Tages fiel er einem durchreisenden Missionar namens John McLean auf, der den Eindruck hatte, der Junge sei außergewöhnlich vielversprechend. Darum folgte er dem indianischen Brauch und machte Walking Buffalo zu seinem Adoptivsohn und bot ihm an, ihm den Namen eines weißen Mannes zu geben. Für den Rest seines Lebens war Walking Buffalo auf dem Papier bekannt als George McLean, und dieser Name hat sich auf seine Nachkommen vererbt.

Pater McLean schickte seinem neuen Stoneysohn immer wieder Geschenke, darunter auch Kleidungsstücke, in ihrer Art die ersten, die ein Stoneykind trug.

Unglücklicherweise hatte Walking Buffalo als Junge ein ziemlich ungebärdiges Temperament, und dies brachte ihn in der Schule mehrere Male in Schwierigkeiten. Wie ein zukünftiger Krieger hatte er keine Angst, sich mit anderen anzulegen, gleichgültig, ob sie stärker oder größer waren als er. Nach einer besonders harten Rauferei mit einem größeren Jungen, gegen den er verlor, stach er dem Sieger schließlich mit seinem Taschenmesser in den Magen. Glücklicherweise erholte sich der Junge, aber Walking Buffalo wurde viele Stunden lang zur Strafe in einen dunklen Schrank gesperrt.

Seine Streitlust hatte eine vielleicht lustigere Auswirkung, als er sich einmal mit dem Schullehrer selbst anlegte. Wie die meisten Missionare, die zu den Indianern gingen, hielt dieser Mann sehr streng auf Disziplin und antwortete mit Hieben auf jede Verletzung der Disziplin, obwohl nach indianischer Sitte ein Schlag von einem Fremden eine Herausforderung zum Kampf ist. Mehr als ein Stoneyschüler drohte, diesen Lehrer zu verprügeln – im allgemeinen allerdings nur vor seinen Mitschülern –, Walking Buffalo aber beschloß, den Plan endlich in die Tat umzusetzen.

Eines Tages ging der Missionar mit Walking Buffalo und einem anderen Jungen in den Wald, um Feuerholz für das Schulhaus zu holen. Sie hatten einen Wagen, den zwei alte Ochsen zogen. Es war die Aufgabe von Walking Buffalo, diese Tiere zu führen, und immer dann, wenn sie nicht weiter wollten, stieß er ihnen einen Stock zwischen die Rippen. Darauf reagierte der Lehrer zornig und drohte dem Jungen, ihn mit demselben Stock zu verprügeln.

Nachdem der Wagen mit Holz beladen war und die Gruppe zur Schule zurückkehren wollte, schlug Walking Buffalo die Ochsen noch einmal mit dem Stock, um sie anzutreiben. Diesmal sprang der bärtige Lehrer herab und wollte seine Drohung wahrmachen. Aber die Jungen hatten schon ihre eigenen Pläne, die sie jetzt ausführten. Walking Buffalo, der von beiden der stämmigere war, packte den Lehrer an seinem Bart und zog ihn mit dem Gesicht nach unten zu Boden. Dann nahm der andere Junge den Stock und verdrosch ihm den Hintern, wie es ihm selbst schon manchmal geschehen war. Sie hörten nicht auf, bis er um Gnade bat.

Auf dem Rückweg zur Schule lenkten die Jungen das Gespann und den Wagen und ließen den leidenden Lehrer auf dem Bauch über der Ladung liegen, um sich von seinem Schmerz zu erholen. Jahre später sagte Walking Buffalo, dieser Lehrer sei nie wieder so streng mit seinen Stoneyschülern gewesen wie zuvor, und auch über dieses Holzsammeln im Wald habe er nie etwas gesagt.

Trotz seiner gelegentlichen Raufereien und trotz der ständigen Anziehungskraft eines freien Lebens in der Natur blieb Walking Buffalo etliche Jahre auf der Schule. Aus dem Schüler im Blockhaus im Reservat wurde der erste Student, der zur weiteren Ausbildung fortgeschickt wurde. Während seiner Abwesenheit wurde die transkontinentale Hauptstrecke der Canadian-Pacific Railways, der kanadisch-pazifischen Eisenbahn durch sein Heimatreservat gebaut und brachte damit eine einschneidende Veränderung in die überkommene Lebensweise der Indianer; sie verband seinen Stamm mit den Entwicklungen im übrigen Kanada. Am wichtigsten für Walking Buffalo war die Tatsache, daß die neu eingerichteten Züge ihm die Möglichkeit boten, eine weiterführende Schule in der Stadt Winnipeg zu besuchen. Die Missionare zu Hause wollten aus dem Jungen den ersten akademisch gebildeten Stoney, ja vielleicht sogar einen Arzt machen. Sie dachten, wenn das Experiment gelänge, würde es andere junge Stoneys ermutigen, ihrerseits die Lebensweise der Weißen zu übernehmen.

Die Schule in Winnipeg war ein großes Internat, das sehr streng von der anglikanischen Kirche geleitet wurde. Unter den vielen Studenten gab es nur ein oder zwei Indianer, und diese gehörten zu weit entfernten Stämmen. Walking Buffalo mußte sein Zimmer mit einem unfreundlichen weißen Jungen teilen, der ihn mit der spöttischen Frage begrüßte: «Hast du auch Pfeil und Bogen mitgebracht?»

Er muß in dieser Schule ein sehr einsamer Junge gewesen sein, so weit weg von seinem Zuhause in den Bergen; aber er arbeitete hart und kam mit seinen meisten Kameraden gut aus – bis auf seinen Zimmergenossen. Sie beide konnten sich so wenig leiden, daß sie schließlich miteinander zu raufen begannen, wobei Walking Buffalo den anderen niederschlug. Daraufhin beschlossen die Lehrer, sie zu trennen, und gaben dem Stoney ein Zimmer mit einem Jungen vom Stamm der Cree-Indianer, mit dem er sich anfreundete.

Gegen Ende des ersten Schuljahres in Winnipeg machten die Jungen ein Picknick an einem nahegelegenen Fluß. Wegen der gefährlichen Strömungen wurde ihnen das Baden und das Bootfahren verboten. Aber als kein Lehrer in Sicht war, bestieg der frühere Zimmergenosse von Walking Buffalo ein Kanu, das er gefunden hatte. Unglücklicherweise war die Strömung so heftig, daß das Boot kenterte und er ins Wasser fiel, wobei sich herausstellte, daß er nur schlecht schwimmen konnte. Er ver-

suchte, um Hilfe zu rufen, als das Wasser ihn schnell stromabwärts trug.
Walking Buffalo war schon als kleiner Junge in dem wilden Bow River geschwommen. Außerdem war er groß und stark. Als er die Lage erkannte, sprang er ins Wasser, schwamm in schnellen Zügen zu dem Jungen hin und konnte ihn an Land ziehen, bevor er ertrunken war. Da war auch schon der Lehrer herbeigeeilt und auf das Schlimmste gefaßt. Als er den Jungen am Leben sah, nahm er «Gehender Büffel» bei der Hand und erklärte, er sei ein Held. Und als der Junge zu sich kam, reichte auch er seinem früheren Zimmerkameraden die Hand, entschuldigte sich und wünschte, sie sollten doch noch Freunde werden.

Als Walking Buffalo diesen Sommer ins Stoney-Reservat nach Hause kam, war er ein anderer Held, weil er weiter gereist war als je ein Stoneyjunge zuvor. Er trug kurze Haare und Stadtkleider, so daß einige seiner Freunde meinten, er wolle vielleicht zu einem Weißen werden. Die älteren Leute hingegen wollten von ihm erfahren, was er von der Gesellschaft der Weißen gelernt hatte, das ihnen helfen könnte, sie besser zu verstehen. Überdies brauchten sie nach dem Bau der Eisenbahn und der Ankunft zahlreicher weißer Einwanderer unbedingt einen Dolmetscher, dem sie vertrauen konnten.
Später wurde der Junge von Häuptling Bearspaw eingeladen, eine Gesandtschaft der Stoneys in die schnell wachsende Stadt Calgary – damals Fort Calgary – am Unterlauf des Bow River zu begleiten. Die Gruppe war zu einem Jahrmarkt eingeladen worden, der vom Landwirtschaftsverein in Calgary veranstaltet wurde. Sie nahmen die Einladung an, obwohl sie keine Ahnung hatten, was ein «Jahrmarkt» war.
Als «Gehender Büffel» mit ihnen ging, konnte er nicht ahnen, daß er diese «Jahrmärkte» die nächsten achtzig Jahre lang jeden Sommer besuchen würde. Zu Anfang des zwanzigsten Jahrhun-

derts wurden diese Jahrmärkte bekannt als die mittlerweile berühmte Calgary Stampede, die größte Rodeoveranstaltung der Welt. In dem «Indianerdorf» der Stampede haben Millionen von Touristen zum ersten Mal das Innere eines echten indianischen Tipis zu Gesicht bekommen. In der jüngeren Vergangenheit haben einige Leute sich beklagt, daß die Indianer als Touristenattraktion «mißbraucht» würden, weil viele Leute einfach zu ihnen hingingen, um zu gaffen. Walking Buffalo aber sagte, dies sei ihm gleichgültig. Während die Weißen ihn anstarrten, hatte er die Möglichkeit, genauso zurückzustarren und zu sehen, wie sie aussahen!

Die Stoneys hatten ihre eigene Form von jährlichen Jahrmärkten, allerdings immer im Zusammenhang mit religiösen Anlässen. Was ihnen an den Jahrmärkten der Weißen am meisten auffiel, waren die ständigen Wettkämpfe, bei denen ein «Meister» ermittelt werden sollte, und auch die vielen seltsamen Methoden, um an Geld zu kommen. Zum Beispiel waren bei ihnen die Männer unbekannt, die an den Straßen standen und die Leute aufforderten, für solche Dinge wie Souvenirs, Eßwaren oder eine Reitstunde Geld auszugeben. Bei ihren Versammlungen wurden diese Dinge unter allen aufgeteilt, wenn sie zur Verfügung standen.

Als für Walking Buffalo die Zeit kam, in die Schule nach Winnipeg zurückzukehren, überredeten ihn sein Vater und der Häuptling der Stammesgruppe, dazubleiben. Sie sagten, der Stamm brauche unbedingt einen Dolmetscher. Sie fürchteten außerdem, wenn er zu lange in den Städten lebe, werde er nicht mehr zurückkommen.

Der Junge war gerne bereit, näher bei seinem alten Zuhause zu wohnen, in dem Land, das seine Heimat war, war aber auch neugierig auf die Annehmlichkeiten und den Komfort des Stadtlebens. Also beschloß er, nach Calgary zu ziehen, um zu sehen, ob seine Ausbildung ausreichte, um einen Beruf zu ergreifen. Er wollte sein eigenes Geld verdienen und ausprobieren, ob die Weißen in der Stadt ihn akzeptierten.

Sein Vater und der Häuptling waren von seinem Plan nicht begeistert, gaben aber zu, es sei gut zu wissen, welche Möglichkeiten für die jungen Indianer in der Umgebung bestanden. Der alte Häuptling schüttelte den Kopf und warnte Walking Buffalo: Er glaube, die Weißen würden den Indianern nur solche Arbeiten geben, die sie selber nicht tun wollten.

Der Junge fand bald heraus, daß der Häuptling recht hatte. An einer Stelle nach der anderen wurde er abgelehnt, sogar bei Hilfsarbeiten, die offen ausgeschrieben worden waren. Als er schon ans Aufgeben dachte, erklärte sich schließlich ein Schmied bereit, ihn bei sich in die Lehre zu nehmen; er bot ihm das angemessene Gehalt von eineinviertel Dollar pro Tag und die Benutzung eines Zeltes hinter seinem Laden. «Gehender Büffel» mochte diese Arbeit gern und lernte dadurch viele praktische Dinge, die er später in seinem Reservat anwenden konnte. Aber als der Winter kam, ging das Geschäft so schlecht, daß der Schmied ihn entlassen mußte.

Zu Hause im Reservat sah man ihn als genügend ausgebildet an, seinerseits in seiner alten Schule Lehrer zu werden. Dies war sehr gut für die Schüler, die gerne einen Jungen ihres eigenen Stammes als Lehrer sahen. Es war aber nicht gut für Walking Buffalo, der es allmählich satt war, in Häuser eingesperrt zu sein. Er war in der freien Natur aufgewachsen und fühlte, daß er dort auch hingehörte. Er bekam bald ein passenderes Angebot, als die berittene Polizei ihn bat, für sie als Pfadfinder zu arbeiten.

Die nächsten Jahre widmete sich der Stoneyjunge dieser neuen Aufgabe. Er bekam ein Gewehr und wurde in die Prärie geschickt, um Pferdediebe, Schwarzbrenner und Viehdiebe zu stellen. Zunächst fühlte er sich sehr wichtig, aber nach einer Zeit erkannte er, daß er für lächerlich wenig ständig sein Leben aufs Spiel setzte. Als man ihm anbot, der berittenen Polizei als uniformiertes Mitglied beizutreten, lehnte er höflich ab. Er erkannte abermals, daß der Häuptling mit seiner Warnung recht hatte – er würde nur die Arbeiten bekommen, die die Weißen selbst nicht tun wollten.

Nach seiner Rückkehr wandte sich Walking Buffalo entschlossen als erwachsener Stoney dem Leben seines Stammes zu. Zuerst heiratete er eine schöne junge Frau, die Tochter eines bekannten Kriegers und Medizinmannes. Dann bewarb er sich um Teilnahme am Sonnentanz, dem ältesten und wichtigsten Ritual seines Stammes. Seine Freunde, die gedacht hatten, er wolle ein weißer Mann werden, waren sehr überrascht. Die Überraschung war noch größer, als es bekannt wurde, daß er auch die Medizinkunst seines Schwiegervaters erlernen wollte. Anstatt ein Arzt nach Art der Weißen zu werden, wurde er zum Schüler eines traditionellen Medizinmannes, dessen Heilmethoden aus alten Ritualen und aus dem Einsatz von Kräutern bestanden.

Ein Stoney-Lager im Banff-Nationalpark um 1940. Die Zeichnungen auf ihren Tipis stammen aus Träumen oder Einfällen ihrer Bewohner. Im allgemeinen werden sie nicht durch besondere Rituale weitergegeben wie diejenigen einiger Nachbarstämme. (Foto: National Museum of Canada)

Ein Medizinmann der Stoneys bei einem Ritual mit einem toten Adler. An seiner Halskette trägt er Adlerklauen und vier Zähne eines Grizzlybären, den er erlegt hat. In seiner rechten Hand trägt er eine Lederrassel. (Foto: Edward S. Curtis, Good Medicine Foundation)

Aber auch die Erfahrungen, die «Gehender Büffel» in der freien Natur erworben hatte, gingen nicht verloren. Er und seine Frau bauten sich ein gutes, solides Blockhaus – eines der ersten, das Mitglieder des Stammes besaßen. Als Bauplatz wählten sie eine Gegend im Reservat mit gutem Weideland, auf dem sie Pferde- und Rinderherden hielten. So wurde Walking Buffalo zum ersten Stoneyrancher und setzte ein wichtiges Beispiel, dem bald andere Stammesmitglieder folgten. Der alte Häuptling Bearspaw bewunderte das Geschick und den Ehrgeiz des jungen Mannes so sehr, daß er ihn zu einem Unterhäuptling und Ratsmitglied machte.

Als Häuptling Bearspaw im Jahr 1920 starb, wurde «Gehender Büffel» zu seinem Nachfolger gewählt. In den nächsten fünfzehn Jahren diente er seinem Volk in dieser Stellung. Er war der erste Stoneyhäuptling mit einer modernen Erziehung, der die Lebensweise der Weißen verstand und ihre Sprache sprach. Er ermutigte sein Volk, gegenüber dem Fortschritt aufgeschlossen zu sein, warnte es aber davor, den weißen Mann nur nachzuahmen. Den jungen Stoneys riet er, sich um Ausbildung und Arbeit zu bemühen, warnte sie aber mit dem Hinweis auf seine eigenen Enttäuschungen, lieber in ihrer Heimat zu bleiben als weit weg in unbekannte Städte zu gehen. Seiner Meinung nach war für sie die beste Lebensweise eine Verbindung von moderner Zivilisation und eigener Stammesüberlieferung.

Nachdem er im Jahre 1935 seinen Posten als Häuptling aufgegeben hatte, ließ sich «Gehender Büffel» auf seiner Ranch nieder, in der Hoffnung, sein Alter als Großvater und Mitglied der Stammesältesten in Ruhe zu verleben. Er hatte keinerlei Pläne für weite Reisen, obwohl er gerne an vielen indianischen Tänzen und Feiern in der Umgebung teilnahm. Er wurde zu einer Berühmtheit auf der jährlichen Calgary Stampede und war auch ein aktiver Anhänger der Indianertage, die jeden Sommer als großes Lager in der nahegelegenen Stadt Banff stattfanden.

Die Indianertage von Banff kamen noch während der Zeit, als er Häuptling war, fast zufällig auf. Ein Erdrutsch hatte die Eisenbahnverbindung durch das Gebirge unterbrochen, und so saß eine große Menge von Touristen in Banff fest. Die Stadt und die Eisenbahnbeamten bemühten sich, genügend Unterkünfte für sie alle zu finden, und suchten dann nach einer Möglichkeit, ihnen die Zeit zu vertreiben. Jemand schlug vor, die in der Nähe wohnenden Stoneys zu bitten, einen Tanz vorzuführen, eine Einladung, die die Indianer bereitwillig akzeptierten. Die improvisierte Vorstellung umfaßte eine Parade in klassischen Kostümen, ein Pferderennen und einen traditionellen Pow-Wow-Tanz. Der Erfolg dieser Veranstaltung bewog die Verantwortlichen, sie später regelmäßig abzuhalten.

Für Walking Buffalo begann bei einem dieser jährlichen Feste in Banff eine wichtige Freundschaft, als er und andere Stammesälteste der Stoneys gebeten wurden, einem wichtigen Besucher aus dem Osten einen indianischen Namen zu verleihen. Dieser Mann war den Indianern unbekannt, jedoch weltweit berühmt als der Führer einer Bewegung namens Moral Rearmament (Moralische Aufrüstung), die sich das Anliegen von Völkerverständigung und Frieden zu eigen gemacht hatte.

Viele Jahre nach diesem Taufzeremoniell wollte derselbe Mann die Ehre, die ihm «Gehender Büffel» erwiesen hatte, vergelten und lud ihn darum in das Hauptquartier seiner Bewegung in Ostkanada zu seinem eigenen achtzigsten Geburtstag ein. Obwohl er noch niemals so weit gereist war und damals selbst schon über achtzig Jahre zählte, nahm «Gehender Büffel» die Einladung an. Er und einige andere Stoneys fuhren im Zug nach Osten.

Zum Unterhaltungsangebot dieses Geburtstagsfestes gehörte die Uraufführung eines Stückes namens «Die krönende Erfahrung», das sich mit dem Ziel der Bewegung beschäftigte. Walking Buffalo und die Stoneys, die ihn begleiteten, wurden gebeten, als Vertreter der amerikanischen Indianerstämme bei dem Stück mitzuwirken. Ihre Begeisterung für die Sache führte zu einer weiteren Einladung – dabeizusein bei einer zweiten Aufführung, die im selben Monat im Washingtoner Nationaltheater aufgeführt werden sollte.

Anstatt nach Morley zurückzukehren, fuhr «Gehender Büffel» also weiter nach Osten in die amerikanische Hauptstadt. Als er dem Publikum von Politikern und anderen wichtigen Leuten förmlich vorgestellt wurde, erhoben sich alle und klatschten ihm Beifall. So hatte also der Name des Stückes die Gefühle des alten Mannes genau getroffen, denn dies war gewiß die «krönende Erfahrung» in seinem öffentlichen Leben.

Bei seiner Rückkehr aus Washington flog Walking Buffalo zum ersten Mal in einem Flugzeug. Zur Erinnerung an dieses Ereignis nannte er einen neugeborenen Enkel «Fliegender Büffel». Die Leute im Reservat waren verblüfft über die Ehre und die Aufmerksamkeit, die ihrem alten Häuptling in der Welt der Weißen entgegengebracht wurde.

Im folgenden Jahr reiste «Gehender Büffel» für Moral Rearmament in dreizehn europäische Länder. Überall wurden die Menschen angezogen von diesem wild und farbenprächtig aussehenden alten Indianer, der so bedächtig über Liebe und gegenseitige Achtung sprach und betonte, sie seien die größten Hoffnungen für die Zukunft der Menschheit. Als er vor dem Deutschen Bundestag erschien, ließen die Politiker ihre Geschäfte ruhen und spendeten ihm einen mächtigen Applaus.

Walking Buffalo schien umgekehrt zu leben – anstatt im Alter zu erlahmen, war er unermüdlich unterwegs. Im darauffolgenden Jahr ging er auf eine neue Reise; er besuchte Neuseeland und mehrere Länder in Afrika, darunter Südafrika, Uganda und Rhodesien. Auf seinem Rückweg besuchte er ein zweites Mal die Schweiz, wo er zahlreiche Freunde hatte.

In seinem neunzigsten Lebensjahr erwartete ihn ein noch größeres Pensum. Er flog nach Kalifornien, dann nach Mittelamerika und schließlich nach Brasilien, wo er mit südamerikanischen Indianern zusammentraf. Seine Freunde aus der Bewegung veranstalteten zu seinen Ehren eine Geburtstagsfeier, zu der er in die ostkanadische Stadt Toronto flog. Er machte auch einen neuen Abstecher nach England und Deutschland und einen dritten Besuch in der Schweiz.

Besonders angenehm überrascht schien er von dem warmen Empfang, den ihm die deutschsprachigen Länder bereiteten. Er kannte zwar den berühmten deutschen Schriftsteller Karl May nicht, aber es hieß manchmal, sein Besuch sei so, als ob Karl Mays erfundener Indianerheld Winnetou lebendig geworden wäre. «Gehender Büffel» sagte: «Ich erinnere mich an die Kriegsjahre. Wir mußten alle Deutschen hassen. Jetzt glaube ich, daß es gute Leute sind. Ich würde jederzeit bei ihnen mein Zelt aufschlagen. Ich werde nie wieder jemanden hassen. Mit dem Haß schade ich mehr mir selbst als dem anderen.»

Zu der Bewegung, für die er seine Reisen unternahm, gehörten Angehörige aller Rassen. Er sagte oft: «Es gibt gelbe Rosen, weiße Rosen und rote Rosen, und der Duft der einen ist genauso lieblich wie der Duft der anderen.» Als er gebeten wurde, in Hollywood bei der Premiere des Films «Eine krönende Erfahrung» eine Rede zu halten, faßte er seine Philosophie in diesen Worten zusammen: «Wenn die Welt besser werden soll und nicht schlechter, müssen sich die Menschen in allen Ländern neue Ziele setzen, ihre Habsucht aufgeben und in größerer Harmonie mit der Natur leben.» Im Jahre 1967 starb Walking Buffalo zu Hause im Alter von sechsundneunzig Jahren.

Die Menschen am Kootenay River

Der Ort, an dem unsere Familie jetzt lebt, war früher ein Lagerplatz der Kootenays. Noch vor weniger als hundert Jahren durchstreifte dieser Stamm unsere Berge und Täler und zog auf solchen Pfaden, über die Okan und ich gewandert waren, über die Rockies, um in die Büffelebenen zu gelangen. Ihr Land galt als so unwirtlich und abgelegen, daß es bis zuletzt keine Siedler anzog. Auch heute noch, wo Straßen und Eisenbahnlinien durch die wichtigsten Durchgangstäler führen, ist das ursprüngliche Kootenaygebiet zum Teil völlige Wildnis.

Eine jüngste Erhebung der kanadischen Regierung hat festgestellt, daß nur mehr fünfundzwanzig Familien zu Hause Kootenay sprechen, und das Durchschnittsalter dieser Leute betrug achtundfünfzig Jahre! Es besteht die Befürchtung, daß die Sprache ausstirbt, da sie keiner anderen Indianersprache ähnelt. Seltsamerweise ist bei den Stoneys, die von Alters her mit den Kootenays befreundet sind, genau das Gegenteil der Fall. Fast alle Stoneyfamilien sprechen ihre Muttersprache, die kleinen Kinder genauso wie die älteren Leute.

Im alten Kootenaygebiet westlich der Rocky Mountains, in British Columbia und Teilen von Idaho und Montana, liegen viele Seen, Flüsse und enge Täler. In der Gegend gab es aber nur wenige Plätze, die groß genug waren, um ein ganzes Stammeslager zu beherbergen; darum schlossen sich die Kootenays fast nie zu einer einzigen Gruppe zusammen. Stattdessen zogen die Familien in kleinen Verbänden an den größeren Flüssen wie Kootenay, Columbia und Flathead zusammen. Sie waren friedliche Leute, die selten mit anderen in Streitigkeiten gerieten, obwohl die Väter ihre Söhne lehrten, tapfer zu kämpfen, wenn es nötig war. Sie waren als meist scheu und zurückhaltend bekannt und verschwanden wie Rehe in die Wälder, wenn Gefahr drohte.

Die Kootenaygruppen im Tiefland gingen meist der Jagd und

dem Fischfang nach; ihr Gebiet waren die Seen und Flüsse, die nach Süden bis in das Territorium der Flathead reichten. Anders als die oberen Kootenays überquerten sie nur selten die Rockies, um Büffel zu jagen. Sie hielten auch keine großen Pferdeherden, sondern reisten lieber auf dem Wasser in seltsam geformten Kanus. Diese sahen aus wie eine Kreuzung aus dem klassischen indianischen Birkenrindenkanu und dem europäischen Kajak, und ihre beiden Enden liefen in eine Spitze aus. Die Völkerkundler sagen, diese Art Kanu habe es nur noch einmal auf der Welt gegeben, und zwar im sibirischen Amurbecken. Das scheint ihnen interessant im Hinblick auf ihre Vermutung, daß die Indianerstämme ursprünglich aus Asien nach Amerika gekommen waren, obwohl viele Indianer das bestreiten.

Eine alte Postkarte, auf der ein Kootenaykanu abgebildet ist, das angeblich besonders gut für Wildwasserfahrten geeignet war. Seine merkwürdige Form war nur bei den Kootenays und bei bestimmten Stämmen in Sibirien anzutreffen. (Foto: Good Medicine Foundation)

Unser Zuhause ist ganz von Wäldern und Bergen umgeben, und darum fahren wir oft über alte Kootenaypfade und auch auf manchen ihrer Wasserstraßen, obwohl wir dazu ein modernes Kanu benutzen. Manchmal versuche ich mir vorzustellen, wie die Menschen dort vor unserer Zeit gereist sind. Ich frage mich, wie weit in der Zeit diese Reisen zurückliegen.

Als wir unser Heim an seinem jetzigen Platz aufschlugen, hatten wir das Glück, einen alten Kootenayindianer namens Michel Andrew zu treffen, der in seiner Jugend in dieser Gegend gelebt hatte. Er gehörte zu den letzten Menschen seines Stammes, der noch das Wissen eines Medizinmannes und die Kenntnis der alten Lebensweise in der Natur besaß. Als Junge war er oft bei seinen Großeltern gewesen. Deren Lieblingszeltplatz war genau die Lichtung, in der jetzt unser Haus und unser Garten stehen. Wie er sagte, beanspruchten seine Großeltern diesen Platz als ihr eigenes Gebiet, auf dem die Stammessitte nur ihnen das Recht gab, zu jagen, zu fischen und wilde Pflanzen zu sammeln.

Für uns ist diese Gegend noch immer unberührt. Manchmal schauen Elche und Bären in unsere Fenster. Aber Andrew erzählte, in seiner Jugend sei alles noch viel ursprünglicher gewesen. Damals gab es im Tal nur Pfade, und auf diesen waren mehr wilde Tiere als Wanderer anzutreffen. Einige Jahre lang versuchte man, auf den Flüssen Dampfschiffe verkehren zu lassen, aber die meisten dieser Boote liefen in Stromschnellen auf Grund. Die Außenwelt hielt hier erst 1913 mit dem Bau der Eisenbahn Einzug. – Als Andrew Michel zu uns nach Hause kam, war es sein erster Besuch in dieser Gegend seit über fünfzig Jahren. Er setzte sich auf einen Baumstumpf und schaute schweigend auf einen nahegelegenen Felsenhügel. «Dort ging ich immer für meine Großeltern auf die Jagd», sagte er wehmütig. «Jetzt bin ich so alt, daß ich nicht einmal mehr den Berg hinaufkomme.» Aber er erinnerte sich noch deutlich an alles, und anscheinend hat sich die Landschaft seit seiner Zeit nicht verändert. Es ist auch mein Lieblingsplatz zum Jagen, und aus seinen Beschreibungen kannte ich viele Einzelheiten wieder.

Der Felsenhügel ist ein Aussichtspunkt unserer Gegend, darum fragte ich, ob die Kootenays ihm einen Namen gegeben hatten. «Oh ja», sagte Andrew, «wir hatten unsere eigenen Namen für solche Plätze.» Als er den Namen auf Kootenay aussprach, stellte ich mir darunter etwas Geheimnisvolles vor. Als ich ihn aber fragte, was das Wort bedeute, sagte er nur «Felsiger Platz».

Andrew half seinem Großvater, Fallen zu stellen für Biber, Otter, Nerze und andere Pelztiere. Das Geld, das sie dadurch verdienten, ergänzte ihre Erträge aus der Jagd, dem Fischfang und dem Pflanzensammeln. Dazu bekamen sie noch einige Nahrungsmittelrationen und andere Dinge von der Regierung. Auf diese Weise behielten viele Kootenayfamilien ihre überkommene Lebensweise bei, auch nachdem schon die Eisenbahn und die Autos Einzug gehalten hatten.

Er konnte nur schwer verstehen, warum ich keine Fallen stellen wollte, obwohl er zugab, daß es jetzt weit weniger wilde Tiere gab als in seiner Jugend. Dies kommt nicht nur daher, daß zu viele Fallen gestellt werden, sondern auch durch die Rodung der Wälder und andere Eingriffe in die Natur.

Andrew war etwas ungehalten über die Art und Weise, wie Außenstehende in das Land der Kootenays eingedrungen waren und den Indianern Forderungen gestellt hatten. «Wir hatten ein einfaches, friedliches Leben, das niemanden störte», sagte er, «aber die Missionare sagten uns, wir seien dumm und unsere Religion sei nichts wert. Wir wurden beiseite geschoben und verächtlich behandelt. Und was ist das Ergebnis? Anscheinend ist auf der ganzen Welt kein friedlicher Fleck mehr übriggeblieben!»

Andrew wollte mit mir gerne die Schwitzhütte hinter unserem Haus ausprobieren. Als Junge hatte er seinen Großeltern oft geholfen, Steine zu erhitzen und Wasser für dieses Ritual herbeizutragen. Er glaubte, daß diese, ein ganzes Leben lang beibehaltene Gewohnheit ihm dabei geholfen habe, so alt zu werden. Während wir in der Hütte waren, sagte er ein Dankgebet und zeigte mir einige der geheimnisvollen, von seinen Vorfahren erlernten Wege, mit den Geistern der Natur in Verbindung zu treten.

Während wir uns im Schatten einiger Fichten abtrockneten, drückte er seine Trauer darüber aus, daß die alten Lebensgewohnheiten seines Stammes in Vergessenheit gerieten. Viel Wissen über die Geschichte und Kultur der Kootenays war schon mit den Stammesältesten früherer Generationen dahingegangen. Er sagte, auch sein eigenes Wissen werde bald verloren sein, da keiner der Jüngeren zu ihm gekommen war, um es zu erlernen.

Ein anderer älterer Kootenay, der besorgt darüber war, daß die Lebensweise seines Volkes ausstarb, war Frank Whitehead («Weißer Kopf»), ein früherer Stammeshäuptling. Er kannte mich und bat mich, ich möchte ihm helfen, ein Buch über den Stamm zu schreiben. Ich erklärte mich zu einem Versuch bereit, obwohl ich damals mit einer ähnlichen Arbeit über Beverlys Stamm, die Blut- und Schwarzfußindianer, beschäftigt war; beide Stämme waren früher Feinde der Kootenays.

Meine ersten Nachforschungen ergaben, daß im Verhältnis zu anderen Stämmen über die Kootenays nur wenig schriftliche Information vorlag. Außer ein paar historischen Fotos war das beste, was ich fand, die Sammlung unveröffentlichter Aufzeichnungen eines Völkerkundlers namens Claude Schaeffer aus den vierziger Jahren. Seine Informanten waren Stammesälteste gewesen, als Andrew noch ein Junge war, und nach den vielen Einzelheiten zu urteilen, die der Wissenschaftler festgehalten hatte, müssen sie seine Arbeit als wichtig angesehen haben.

Unglücklicherweise starb Frank Whitehead, bevor wir viel zusammen tun konnten. Später sagte jemand, es sei gut, daß das Buch nie geschrieben worden sei, weil die Weißen schon alles andere an sich gerissen hätten und nicht auch noch ihre Geschichte bekommen sollten. Später lieh sich ein anderer Forscher meine fotokopierte Sammlung dieser Dokumente und machte sich eine eigene Kopie. Mit Hilfe dieser Papiere wurde er der führende Historiker für die Geschichte dieses Stammes.

Eine Kootenaymutter mit ihrem Kind vor einer Handelsniederlassung. Die mit Perlen und Wieselfell geschmückte Kindertrage wurde oft an einen Baum gehängt, damit der Wind das Kind in den Schlaf wiegte. Der Mann rechts ist der Kootenayhäuptling Francis Francois, der viele Indianersprachen fließend gesprochen haben soll. (Foto: Good Medicine Foundation)

Wo die Kootenays herkommen

«Yawuanik» ist ein Wort der Kootenaysprache, das eine beliebte Art von roter Wolldecke bezeichnet, die die Indianer früher von der Hudson's Bay Company bekamen. Seit alten Zeiten ist das Wort aber auch der Name einer sagenumwobenen Figur in den Legenden der Kootenays. Dieser Yawuanik war ein Ungeheuer, das hier lebte, bevor es die Kootenays gab. Er brachte Schrecken und Tod über die früheren Bewohner dieser Gegend. Als er schließlich durch gute Geister vernichtet wurde, konnten die Kootenays sich niederlassen. Die roten Decken wurden zum Symbol für den hellen Blutfleck, der sich an der Stelle gebildet hatte, wo das Ungeheuer erschlagen wurde.

Zur Zeit, als dies geschah, war die Erde leer und ohne ein lebendes Wesen. Nur Geister aller Größen lebten damals auf ihr. Sie waren die Vorläufer der Wesen, die sie heute bewohnen. Einige dieser Geister waren böse, und am schlimmsten und am größten war Yawuanik. Er lebte im Wasser der Seen und wanderte durch die Flüsse von einem zum anderen. Er sah so aus wie eine Kreuzung zwischen einem Riesenfisch und einer Eidechse. Die anderen Geister fürchteten ihn, denn überall, wo er hinkam, brachte er Not und Elend. Sein Lieblingsrevier waren die Flüsse Columbia und Kootenay, an denen wir heute leben.

Obwohl Yawuanik der größte und listigste unter den Geistern war, war er nicht der mächtigste. Diese Ehre gehörte Nalmukchin, dem größten der guten Geister. Er lebte weit entfernt von dieser Gegend und wurde deswegen von dem Ungeheuer Yawuanik nicht belästigt. Aber als alle anderen Geister zu ihm kamen und um Hilfe baten, erklärte er sich bereit, dem Schrekken ein Ende zu setzen.

Nalmukchin sagte, man müsse erst ausfindig machen, wo das Ungeheuer sich aufhielt. Dazu füllte er seine Pfeife mit dem großen Kopf und begann, sie zu rauchen. Er atmete den Rauch durch die Nase ein, ließ ihn aber abwechselnd durch die beiden

Augenbrauen wieder aus. Er verkündete den versammelten Geistern, sie würden Yawuanik dort finden, wo sich die beiden Rauchwolken trafen. Wie sich herausstellte, war das der Kootenaysee.

Als Yawuanik die vielen Geister sah, die zu Land, Wasser und in der Luft anrückten, erriet er, daß sie es auf ihn abgesehen hatten. Um zu entkommen, eilte er nach Norden zum Columbia River, dann stromaufwärts zu dessen Quelle im Columbiasee. Damals war der Columbiasee noch mit dem benachbarten Kootenay River durch einen engen Kanal verbunden. Nalmukchin wußte, wenn er diese Verbindung versperren könnte, wäre der böse Geist im See gefangen. Er benutzte seine Zaubermacht, um einen Erdrutsch zu verursachen, und seither sind die Flüsse Kootenay und Columbia nicht mehr miteinander verbunden.

Nun wollte der Kojote unter den guten Geistern als Held gelten und stürzte darum mit seinem Tomahawk auf den gefangenen Yawuanik zu, um ihn umzubringen. Der böse Geist wußte aber, daß der Kojote feig war, und drohte deswegen, ihn zu vernichten, wenn er näher käme. Der Kojote wandte sich schon zur Flucht, aber gerade da kam der Fuchs, nahm den Tomahawk und spaltete dem Yawuanik den Schädel. Daraufhin stürzten alle anderen Geister herbei und zerrissen das Ungetüm in Stücke.

Nalmukchin sagte, jetzt könne die Erde Leben erhalten, das er aus den Überresten des großen Ungeheuers schuf. Einen Teil seines Blutes schüttete er gegen Sonnenaufgang, wo es in alle vier Himmelsrichtungen auseinanderspritzte. «Dies werden die roten Menschen sein», sagte er, und daraufhin wurde jeder Blutstropfen zu einem Stamm. Dann nahm er etwas Fett aus der Leiche und warf es weit hinauf in den Himmel, so daß es sich über eine große Fläche verteilte, als es herunterfiel. «Dies werden die weißen Menschen sein», verkündete er den Geistern. Schließlich wischte er sich das Blut von den Händen und ließ es auf den Boden tropfen, auf dem er stand. «Hier wird ein Stamm von roten Menschen entstehen, die ich die Kootenay nennen werde. Ihre Zahl wird klein sein, aber sie werden schön und tapfer sein.»

Danach riß Nalmukchin die Überreste des Ungeheuers auseinander und zerstreute die einzelnen Teile, so daß sie nicht mehr zu leben anfangen konnten. Ein großer Teil landete an einem Ende des Columbiasees, wo der Columbia River entspringt, ein anderer Teil in der Nähe von Fort Steele. Den Kootenaylegenden zufolge waren diese beiden Teile die Rippen, und sie sind zu sandigen, weißen Klippen geworden, deren steile Grate bei den Touristen und den Einheimischen berühmt sind und «Hoodoos» genannt werden.

Eine Kootenaygeschichte über den Kojoten und den Berggeist

Erzählt von Andrew Michel

Vor langer Zeit litten die Kootenays einmal großen Hunger, denn der Berggeist war zornig auf sie und erlaubte ihnen nicht, auf die Jagd zu gehen. Jeder Jäger, der sich hinauswagte, kam um, entweder weil ein Baum umstürzte, weil ihn fallende Steine erschlugen oder weil ein Hohlweg ihn begrub. Die Leute waren verzweifelt, und niemand wußte sich Rat.

Da kam eines Tages der Kojote vorbei, der immer auf Aufregung und Abenteuer aus war. Er hörte, wie die Leute beteten und weinten, und beschloß, den Grund dafür zu erfahren. Der Häuptling erzählte dem Kojoten vom Zorn des Berggeistes, dessentwegen niemand mehr draußen auf die Jagd gehen konnte.

Der Kojote dachte eine Weile darüber nach und sagte dann: «Aha! Ich werde eine Zeremonie abhalten und einige der anderen Geister um Rat fragen, um herauszufinden, was sich tun läßt.» Er trug ihnen auf, ein großes Feuer zu machen, und darum sandte der Häuptling junge Männer und alte Frauen aus, um Holz zu sammeln. Der Kojote schärfte ihnen ein, nur trockenes Holz zu bringen, und nur solches ohne Harz daran.

Sie benützten das allergrößte Zelt und legten ein großes Feuer. Dann begann der Kojote zu tanzen und durch die Flammen zu springen. Er ging dreimal im Zelt auf und ab, tanzte dabei und sagte merkwürdige Namen auf. Als er wieder einmal zum Sprung ansetzte, zog einer der jungen Männer einen Ast voller Harz unter seiner Decke hervor und warf ihn ins Feuer. Die Flammen schossen hoch empor, und es sah aus, als würden sie den Kojoten verbrennen.

Aber der Kojote war so in seinen Tanz vertieft, daß er nicht einmal auf die Flamme achtgab. Als er fertig war, sagte er, das Feuer habe nur ein wenig seinen Bauch versengt; bis auf den heutigen Tag sieht man bei allen Kojoten den schwarzen Fleck. Der Kojote sagte, das Feuer sei ein gutes Vorzeichen und verheiße ihm Erfolg. Er trug ihnen auf, einen dicken langen Stock zu bringen, und versprach, den Berggeist aufzusuchen.

Als er den Stock bekam, ließ er ihn von den jungen Männern quer über seinen Rücken binden. Dann sagte er den Leuten, sie sollten das Feuer nicht ausgehen lassen und weiter singen und tanzen. Als er sah, daß sie seine Befehle befolgten, machte er sich auf den Weg in die Berge.

Nach einer Weile sah der Berggeist ihn kommen und rief laut: «Sag an, Kojote, was bringt dich her in mein Reich?» Der Kojote sagte nichts, sondern ging weiter bergauf. Er befand sich gerade in einer engen Schlucht, als der Boden zu beben und die Berge zu erzittern begannen. Aber der Kojote murmelte nur: «Ich habe keine Angst vor dir.» Darum begann der Berggeist, die Wände der Schlucht zusammenzudrücken, bis sie über dem Kojoten zusammenschlugen. Aber wegen des Pfostens auf seinem Rükken konnten ihn die Wände nicht erdrücken, wie sie die anderen erdrückt hatten.

Der Berggeist gab schließlich auf und sagte zu dem Kojoten: «In Ordnung, du bist stärker als ich, du hast gewonnen. Sage den Leuten, sie können wieder auf die Jagd gehen. Ich werde sie nicht mehr belästigen.» Aber als der Kojote sich umdrehte und weggehen wollte, sah er, daß der Pfosten festsaß und er sich nicht von ihm befreien konnte. Er rief um Hilfe, aber es dauerte lange, bis ihn jemand hörte. Er wurde ganz dünn vor Schwäche und Hunger, und darum sind Kojoten noch heute dünne Tiere. Schließlich kam ihm jemand aus dem Lager zu Hilfe, und die Nachricht verbreitete sich bei allen. Die Leute waren sehr glücklich und behandelten den Kojoten sehr ehrenvoll. Seither sind sie immer erfolgreich, wenn sie in den Bergen auf die Jagd gehen.

Über die Rockies, um Frieden zu schließen

Die folgende Geschichte wurde von Paul David erzählt, einem Kootenayhäuptling aus der Tobacco-Plains-Gruppe. Häuptling Paul, wie man ihn nannte, wurde ungefähr um 1850 geboren, und dieses Abenteuer fand kurz nach seiner Hochzeit statt, als er ungefähr zwanzig war.

In jenen Tagen konnten sich die Kootenays noch frei bewegen und ihr Lager überall aufschlagen, wo sie wollten. Paul Davids Vater war damals ein Häuptling und führte eine Stammesgruppe zu einem Besuch bei den Flatheads, ihren südlichen Nachbarn, in das heutige Westmontana. Beide Stämme hatten schon enge Bekanntschaft mit katholischen Missionaren geschlossen, die sie soweit gebracht hatten, daß sie jedes Jahr Weihnachten feierten. Diesmal hatten die Kootenays beschlossen, die Feiertage zusammen mit den befreundeten Flatheads in der heute noch bestehenden Missionsstation St. Ignatius zu verbringen.

Nach mehreren Tagen katholischer Gottesdienste feierten die Indianer mit Tänzen ihr eigenes Fest. Außer den Flatheads und den Kootenays nahmen daran auch benachbarte Stämme teil, so die Kalispells, die Pend d'Oreilles und die Spokanes. Solche Tänze und Versammlungen wurden an vielen Festtagen regelmäßig abgehalten.

Irgendwann während dieser Feier rief ein abgeordneter Regierungsbeamter zu einem Treffen der Häuptlinge und anderer wichtiger Stammesmitglieder auf, um einen Friedensvertrag zwischen ihnen allen und ihren größten Feinden vorzuschlagen, den Schwarzfuß, die auf der anderen Seite der Rocky Mountains lebten. Die Indianer hießen einen solchen Frieden gut. Unter anderem würde er ihnen erlauben, in den Ebenen auf Büffeljagd zu gehen, ohne um ihr Leben und um die Sicherheit ihrer Familie fürchten zu müssen.

Also stellten die Kootenays eine Gruppe kräftiger Männer und Frauen zusammen, die auf dem Rückweg in ihr eigenes Gebiet die Friedensbotschaft über die Rockies tragen sollten. Sie waren gut vertraut mit den Bergpfaden, obwohl sie sie im Winter nur selten benutzten. Da es ihnen aber wichtig war, den Frieden vor dem Beginn der Jagdsaison im nächsten Frühling zu schließen, entschieden sie sich, sogleich aufzubrechen.

Paul David, der damals noch nicht Häuptling war, schloß sich mit seiner Frau der Delegation an. Führer war wiederum sein Vater, und auch die Verwandten seiner Frau machten sich mit auf den Weg. Dazu kamen noch mehrere Dutzend andere Leute, darunter auch einige Kinder. Von der Missionsstation im Gebiet der Flatheads ritten sie alle zum Kamm des Mariapasses, der die beliebteste und einfachste Strecke über die Rockies war. Hier kannten sie ein Lager ihrer eigenen Leute, bei denen sie ihre Pferde und ihr schweres Gerät zurückließen.

Die Gesandtschaft legte in diesem Lager eine Rast ein, um sich feste Schneeschuhe und Rucksäcke für die gefährliche Reise zu machen. Glücklicherweise waren sie alle mit diesem besonderen Schuhwerk vertraut, da der hohe Schnee es in ihrem Land oft notwendig macht, Schneereifen, die das Einsinken verhindern, zu tragen. Darum lernte schon jeder als Kind, seine eigenen Schneeschuhe zu machen und sie auch zu reparieren. Die Form und die Größe dieser Schuhe hängt jeweils ab von dem Geschick und dem Geschmack des einzelnen.

Schneeschuhrahmen wurden für gewöhnlich aus jungen Tannen gemacht, die man in ungefähr der Länge abschnitt, die zwischen die ausgestreckten Arme des zukünftigen Trägers paßte. Die dünnen Stämme wurden sorgfältig in eine ovale Form gebogen, so daß sich ihre Enden überlappten, und dann mit Streifen feuchter Rohhaut zusammengebunden. Diese Rohhaut bestand aus einem Rehfell, das schon von Fleisch, Fett und Haar befreit, aber noch nicht gegerbt war. Indem man es mit einem scharfen Messer rundherum in dünne Streifen schnitt, bekam man aus einer Haut genügend lange Streifen, um ein Paar Schneeschuhe daraus zu machen.

Die beiden Rahmen wurden einander angepaßt und mußten

dann trocknen. Wenn das Holz nicht mehr weich und schmiegsam war, galt es, das Riemengeflecht anzubringen. Dünne Streifen Rohhaut wurden miteinander verflochten und dann zu starken Riemen gezwirnt. Diese wurden fest um den Rahmen geschnürt und so miteinander verwoben, daß ein Geflecht ähnlich wie bei einem Tennisschläger entstand. Im Idealfall wurde dieses Gewebe in der Mitte dichter und fester, wo es den Fuß zu tragen hatte. Den Rändern zu war es so weitmaschig, daß der Schnee eindringen konnte und sich nicht an der Unterseite zusammenballte. Ein Gurt aus gegerbtem Leder band den Fuß lose an den Schneeschuh.

Nachdem die Schneeschuhe und die Rucksäcke hergestellt waren, machte sich die Friedensgesandtschaft zu Fuß auf den Weg in die Berge. Ihre Strecke überschnitt sich zum großen Teil mit derjenigen, die jetzt als Touristenstraße den weltberühmten Gletschernationalpark durchquert. Sie schlugen am McDonaldsee, der heute ein beliebtes Ausflugsziel innerhalb dieses Parkes ist, ein erstes Lager zum Rasten auf. Den McDonaldsee nannten sie den «See der Heiligen Tänze» in Erinnerung an Zeremonien, die manche Kootenayverbände an seinem Ufer abhielten.

Am «See der Heiligen Tänze» fingen einige Teilnehmer der Gesandtschaft Fische durch die Eisschicht, während die anderen ihr Glück auf der Jagd versuchten. Ein Mann erlegte einen Hirsch, aber es zeigte sich, daß die meisten Tiere wegen des Winters ins Tal abgewandert waren. Da für die Reise noch mehr Fleisch benötigt wurde, entschied man, zwei Gruppen von Jägern bergauf zu schicken, um nach Bergziegen zu suchen.

Paul David ging mit einer Gruppe, die dem Lauf des Flusses folgte, der in den See mündete. Der Pfad war sehr steil und glitschig und führte sie schließlich zum Lawinensee. Ab dieser Höhe wuchsen nur noch sehr kleine Bäume, und fast alles war völlig weiß und von tiefem Schnee bedeckt. Paul mochte den Platz überhaupt nicht, da er ihm verdächtig nach Lawinen aussah. Er setzte sich hin, um darüber nachzudenken, während die übrige Gruppe weiterging. Nach einer Weile kam einer von Pauls Freunden und setzte sich zu ihm, zusammen mit einem älteren Mann, der den anderen nicht nachgekommen war.

Während sie dasaßen und sich unterhielten, zeigten sich auf dem gegenüberliegenden Bergrücken drei Bergziegen. Paul war immer noch wegen der Lawinengefahr besorgt, aber der andere Mann hatte keine Bedenken; darum stand er auf und versuchte, sich den Ziegen zu nähern. Nach einer Weile hörten die beiden anderen ein seltsames, dröhnendes Geräusch, das, wie sich herausstellte, von einer gewaltigen Schneemasse verursacht wurde, die sich aus den Bergen auf sie zubewegte. Der einsame Jäger befand sich gerade auf ihrer Bahn, aber es gelang ihm, eine kleine

Baumgruppe zu erreichen und sich mit Armen und Beinen an einem Stamm festzuhalten, während der Schnee an ihm vorbeifegte. Auch Paul und sein Freund brachten sich mit knapper Not vor der Lawine in Sicherheit.
Als der Schneerutsch verebbt war, waren die drei Ziegen immer noch in Sichtweite, darum stiegen die Männer auf den Berg und erlegten sie. Dann kam der Rest ihrer Gruppe zurück, der kein Wild angetroffen hatte. Das Ziegenfleisch wurde gerecht unter alle verteilt, und dann kehrten sie zum Lager zurück. Der andere Trupp war schon da und hatte als Beute zehn Ziegen mitgebracht.

Daraufhin blieben die Leute mehrere Tage im Lager und trockneten das Fleisch über rauchigen Feuern, damit es leichter zu tragen war. Sie gerbten auch die Ziegenfelle, um warme Kleider daraus zu machen. Danach zogen sie weiter nach Osten und wollten die Berge an einer Stelle überqueren, die sie passenderweise «Schneeschuhpaß» nannten. Paul trug einen schweren Rucksack, der Decken und zusätzliche Kleidung enthielt, die in der Plane eines kleinen Tipis eingewickelt war.

Plötzlich rannte ein Hund, der jemandem in der Vorhut des Zuges gehörte, auf dem schmalen Pfad an ihnen vorbei. Er benahm sich seltsam und hätte sie fast zu Fall gebracht. Schließlich legte er sich vor Pauls Frau auf den Pfad, die gezwungen war, ihm mit dem Gewehrschaft einen Stoß zu versetzen, damit er den Weg freigab. Dann hörten Paul und seine Frau lautes Rufen; sie dachten zuerst, es sei der Besitzer des Hundes, der sie wegen ihrer Schläge zur Rede stellen wollte. Aber bald stellte sich heraus, daß es ihr Anführer war, der sie warnte, daß sich der Schnee unter ihren Füßen zu bewegen begann.

Der tiefe Schnee, der auf dem Berghang lag, den sie gerade überquerten, war so lose, daß er unter dem Gewicht so vieler Menschen abzurutschen begann. Ihr Anführer versuchte, ihn festzuhalten, indem er ihn mit seinen Schneeschuhen feststampfte, aber das gelang ihm nicht. Ein anderer Mann bohrte sein Gewehr durch den Schnee in den Boden, aber auch das brachte die Lawine nicht zum Stillstand. Bald rutschte jeder mit dem Schnee talabwärts, Hals über Kopf und laut schreiend aus Angst vor dem lautlosen Unglück. Paul erzählte, er habe sich mehrere Male überschlagen und langsam gespürt, wie der Schnee sich zwischen seinem Rücken und dem schweren Rucksack auftürmte.

Die Lawine rollte tief ins Tal hinab, aber da die Leute schon fast auf dem Berggipfel gewesen waren, blieben sie bald hinter ihr zurück. Paul fand seine Frau ganz in seiner Nähe, halb ohnmächtig und hilflos, weil sie bis an die Schultern im Schnee eingegraben war. Es war kalt, und der Schnee begann schnell zu frieren, darum zog Paul seine Schneeschuhe aus und machte sich daran, seine Frau zu befreien. Die anderen taten dasselbe, und so wurde jeder gerettet; wie sich herausstellte, hatte niemand ernsthafte Verletzungen. Einige Kinder weinten vor Angst, während ihre Eltern sich über den Verlust von Ausrüstungsgegenständen beklagten. Da jeder einzelne Teil für die Reise wichtig war, sah man diesen Verlust als gefährlich an. Pauls Frau hatte das Gewehr verloren, als sie bergabwärts gerissen wurde, aber nach einer kurzen Suche fand Paul es wieder und grub es aus dem Schnee. Als die ganze Aufregung vorbei war, schnallten die Leute wieder ihre Rucksäcke um und wollten weiterziehen. Auf einmal sagte einer der Männer: «Ich gehe keinen Schritt mehr weiter. Das letzte Mal, als wir diesen Paß überquerten, ist einer unserer Leute erfroren, und wir verloren unsere ganze Ausrüstung. Schaut euch um, dann seht ihr, daß ein Schneesturm aufkommt. Ich kehre um.» Danach einigten sich alle darauf, zum letzten Lagerplatz zurückzukehren, um die Lage zu überdenken.

Die Gruppe konnte sich nicht einigen; darum brachen ihre Mitglieder vom Lager aus in verschiedene Richtungen auf. Paul und seine Frau stießen zu einigen anderen, die tapfer genug waren, einen neuen Versuch zu machen, den gefährlichen Paß, von dem sie gerade zurückgekehrt waren, doch noch zu bezwingen. Sein Vater führte eine andere Gruppe weiter nördlich zu einem Paß, den er für ungefährlich hielt. Er verabredete mit seinem Sohn, sich auf der anderen Seite der Rockies an einem beiden wohlbekannten Lagerplatz zu treffen.

Die Überquerung der Berge, die Pauls Gruppe versuchte, war sicherlich gefährlich, vor allem für Frauen und Kinder. Die Leute trugen zwar pelzgefütterte Mokassins, doch hatten diese glatte Ledersohlen, die nur schlecht hafteten. Außer der Lawinengefahr mußten sie auch eine steile Felswand überwinden, über die man nur mit Seilen gelangen konnte. Als sie diese Wand erreichten, kletterten die Männer sich gegenseitig auf die Schultern, um von den schmalen Felsleisten höhergelegene Vorsprünge zu erklettern, auf denen sie einen sicheren Stand hatten.

Von diesen Felsvorsprüngen ließen sie jedesmal kräftige Taue aus Rohhaut hinunter. Erst zogen sie die Ausrüstung hoch, dann zwei Babys in Wiegen (ob ihr es glaubt oder nicht!) und schließlich die Frauen und Kinder. Auf jede Person kamen zwei Taue aus Rohhaut, die von mehreren Männern hochgezogen wurden. Ein Tau hatte eine Schlinge an seinem Ende, die der Kletterer sich um das Handgelenk zog, während er sich mit dem anderen Tau langsam hochhievte. Auf diese Art und Weise kam die ganze Gruppe wohlbehalten über die gefährliche Felswand.

Danach befanden sie sich auf der Ostseite der Berge, und von nun an führte der Pfad bergab. Auf dieser Seite lag weniger Schnee, und das Gehen war leichter. Innerhalb von zwei Tagen erreichte die Gruppe offenes Gelände an den Ausläufern der Rockies, wo sie auch eine kleine Büffelherde fanden, die aus der nahegelegenen Ebene hierher gezogen war. Der Schnee war tief genug, daß die Männer in ihren Schneeschuhen die schweren, kurzbeinigen Tiere leicht einholen konnten und eine ganze Anzahl erlegten. Das war ein Fest für die müden und ausgehungerten Leute; sie schlugen ein Lager auf und blieben eine Zeitlang in der Gegend. Während dieser Zeit trockneten sie eine große Menge Fleisch und reparierten ihre Ausrüstung.

Obwohl die Reise mit dem Ziel begonnen hatte, mit den Schwarzfuß Frieden zu schließen, wurden Paul und einige andere junge Männer abenteuerlustig und sprachen davon, eines der Schwarzfußlager, das sie in der Nähe vermuteten, zu überfallen. Während sie eines Tages nach einem solchen Lager suchten, sahen sie eine große Gruppe bewaffneter und berittener Schwarzfußindianer, die zur Büffeljagd ausgezogen waren. Da wurden sie kleinlaut, und einer der Kootenays deutete auf Paul, der Schwarzfußvorfahren hatte, und sagte: «Wir brauchen gar nicht so weit zu gehen, hier haben wir ja schon einen Schwarzfuß!» Paul wurde zornig und antwortete: «Los, versuch dein Glück; aber am besten triffst du mich gleich richtig, sonst bringe ich dich um.» Der andere sagte, er mache nur Spaß, und so kehrten sie alle zum Lager zurück.

Die Kootenaygruppe, die mit Pauls Vater weiter nach Norden gezogen war, hatte ebenfalls die Berge glücklich überquert. Nach einer Zeit fanden sie Pauls Gruppe, die auf einer grünen Ebene an der Stelle lagerte, wo jetzt innerhalb des Gletschernationalparks ein großes Touristenhotel steht. Beide Gruppen hatten Angst, die Lager der Schwarzfuß mit der Friedensbotschaft zu betreten, denn es war möglich, daß sie angegriffen wurden, bevor sie den Zweck ihres Kommens erklären konnten. Daher schickten sie die Botschaft mit einem Unterhändler, der beiden Seiten freundlich gesonnen war. Das Ergebnis war ein großes Treffen, das im folgenden Sommer zwischen den Schwarzfuß und mehreren anderen Stämmen stattfand, unter anderem auch mit den Kootenays und mit den Flatheads, mit denen sie viele Gebräuche gemeinsam hatten. Nachdem die Häuptlinge und Krieger die Friedenspfeife geraucht hatten, gab es viele Besuche, es wurde getauscht und getanzt, und viele neue Freundschaften wurden geschlossen. Dazu brachte eine gemeinsame, erfolgreiche Büffeljagd eine Menge Fleisch und viele Felle für alle.

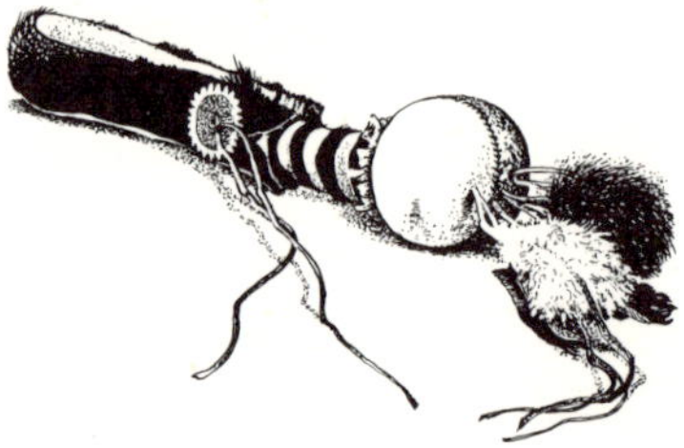

Unter den friedlichen Flatheads

Louie Ninepipe («Neunpfeife») war einer der interessantesten alten Indianer, die ich je kennenlernte. Er lebte allein in einem kleinen Blockhaus, fast im Schatten der Rocky Mountains. Er sang gerne alte Stammeslieder und schlug dabei auf dem Fell einer selbstgemachten kleinen Trommel mit einem dünnen Stöckchen den Takt. Wenn er in seinem großen, altmodischen Lehnstuhl saß, sang er sich manchmal selbst in den Schlaf.

In der Nähe von Louie Ninepipe lebte eine alte Indianerin, Mary Ann Combs, die zur «Adoptivgroßmutter» unserer Familie wurde; auch sie wohnte allein in einem Blockhaus in der Nähe der Berge. Es war dasselbe Haus, in dem sie ihre sechs Kinder großgezogen und fünfzig Jahre als treue Frau an der Seite des gutmütigen Louie Combs verbracht hatte. Sie war die Hüterin eines alten Familiengrundstücks voller Erinnerungen an Stammestraditionen. Noch in ihrem hohen Alter nahm sie jeden Tag ein Bad in dem kleinen Flüßchen hinter ihrem Haus.

Ich traf diese alten Leute um die Mitte der sechziger Jahre, als ich in Montana nach einem Platz Ausschau hielt, wo ich mich niederlassen konnte. Mein Studium an der Universität war fast vorüber, und ich wollte Lehrer werden. Ich hatte vor, weit entfernt von großen Städten in der Nähe hoher Berge zu wohnen, solcher Berge vielleicht, wie sie mir mein Vater von der Schweiz her geschildert hatte. In Nordamerika waren solche Berge die Rockies.

Mary Ann Combs und Louie Ninepipe waren salische Flatheads, Mitglieder eines stolzen und hochangesehenen Stammes. Sie gehörten zu den letzten ihres Volkes, die noch in den «alten Tagen» geboren worden waren, bevor man sie alle zwang, sich in einem einzigen Reservat anzusiedeln. Obwohl sie sich damit abfanden, daß ihr altes, freies Leben verloren war, gaben sie doch nur sehr wenig von ihrem Stolz und ihrer kulturellen Überlieferung auf. Mary Ann gerbte Rehfelle, sammelte Wurzeln und

Louie Ninepipe vor seinem Blockhaus im Flatheadreservat im Jahr 1967. Seine Hüte wurden eigens für ihn angefertigt, und seine langen Zöpfe umwikkelte er immer mit buntem Garn. (Foto: Adolf Hungry Wolf)

Mary Ann Combs, die letzte Frau ihres Stammes, die noch die überlieferte Unterweisung erhielt, die früher alle Flatheadmädchen bekamen; die meiste Zeit ihres Lebens verbrachte sie in der freien Natur. Hier sieht man sie 1968 an einer Brücke über dem Bächlein an ihrem Haus. (Foto: Adolf Hungry Wolf)

trug dieselben bunten Kleider wie ihre Großmutter. Louie Ninepipe sang die Lieder seiner Vorfahren. Die Art und Weise, in der sie in Harmonie mit den Wäldern und Bergen weiterlebten, war für viele Menschen eine kostbare Anregung.

Mein erster Besuch bei Louie kam zustande durch die Empfehlung unserer «Großmutter», als wir irgendwann im Frühsommer in der Nähe ihres Hauses kampierten. Sie sagte, Louie habe eine Platte mit alten Flatheadliedern, die sie gerne hörte. Die Platte erinnerte sie an die glücklichen Zeiten von früher – «an alle meine guten alten Leute», wie sie zu sagen pflegte. Sie erzählte uns nicht, daß Louie an der Aufnahme mitgewirkt hatte. Es war eine der ersten, auf der indianische Musik aufgenommen wurde, und die Existenz dieser Platte war Louies besonderer Stolz.

Damals hatten wir einen großen alten Lastwagen, der hinten

genügend Raum zum Schlafen und zum Kochen bot. Mary Ann fuhr nicht gerne in ihm mit, weil sie ihn für zu groß hielt. Glücklicherweise parkte ihr eigener Wagen neben ihrem Blockhaus. Es war ein alter blauer Ford, Baujahr 1951. Natürlich konnte sie ihn nicht fahren, da sie eine alte indianische Großmutter war, die lieber ging oder ritt. Aber diesen Wagen hatte sie von ihrem eigenen Geld gekauft, und sein Tank war immer gefüllt, so daß sie jederzeit losfahren konnte. Sie wurde häufig von Besuchern aufgesucht, und darum war es für sie kein Problem, unter ihnen einen verläßlichen Fahrer zu finden, wenn es ihr in den Sinn kam, einen Abstecher in die Stadt zu machen.

Es war fast schon dunkel, als wir in dem alten Ford von Mary Anns kleiner Farm zu Louies einsamer Blockhütte fuhren. Auf der Fahrt von ihrem Haus überquerten wir eine alte, solide Holzbrücke, die wahrscheinlich mehr Wagenräder und Pferdehufe gehört hat als Autoreifen. Die Straße war nur eine Art unbefestigter Feldweg, so daß zu beiden Seiten dichtes Gras wuchs. Wir waren auf einer der vielen Straßen, die die saftigen, grünen Felder des schönen Flatheadtals durchqueren.

Mary Ann erzählte uns, Louie Ninepipe habe seinen Besitz vor einigen Jahren nach dem Tod seiner Frau verkauft. Er habe nur die Hütte, einige Schuppen und einen kleinen Hof übrigbehalten. Mit dem Geld habe er einen neuen Lastwagen angeschafft (den er anders als Mary Ann auch wirklich fahren konnte), dazu noch neue Hüte und Schals und einige andere Sachen. Der Rest wurde auf einem Fest ausgegeben, das mehrere Tage und Nächte dauerte und auf dem ihm seine vielen Gäste halfen, seine Sorgen zu vergessen. Irgendwann nachts benutzte ein Freund Louies neuen Lastwagen, um noch Getränke zu holen. Einige Kilometer entfernt trifft die Landstraße auf die Hauptstraße, die in die Stadt führt. An dieser Stelle befindet sich ein Eisenbahnübergang, der nur durch ein Warnzeichen geschützt ist, das dieser Fahrer übersah. In der Dunkelheit fuhr ein Zug vorbei, zermalmte Louies Lastwagen, und der Fahrer kam um. Damit fand das Fest ein trauriges Ende.

Meine erste Begegnung mit Louie war ebenfalls nicht sehr ermutigend. Als wir ankamen, stand seine Tür offen, und es brannte eine Kerosinlampe. Er saß auf einem Stuhl, sein Kopf und seine Arme lagen auf dem Tisch. Ich ahnte, welches sein Problem war, versuchte aber trotzdem, ihn aufzuwecken. Er gab ein Stöhnen von sich, bevor ich es endgültig aufgab. Offensichtlich war er in der Stadt in einer Kneipe gewesen, wo er in seiner Einsamkeit oft nach Gesellschaft suchte.

Das nächste Mal, als ich Louie alleine besuchte, war es noch sehr früh am Morgen, und ich fand ihn in guter Stimmung. Ich sah schon aus der Entfernung, daß er zu Hause war, da Rauch aus seinem Schornstein stieg. Es war ein schöner Platz, mit grünem Rasen, um den ein kleiner Zaun gezogen war. Mitten auf seinem Hof stand eine altmodische gußeiserne Handpumpe, die ihn mit Wasser versorgte.

Einer der Holzschuppen neben seinem Blockhaus war halbvoll mit Holzscheiten. In der Nähe stand ein kleiner, überdachter Schutzraum, in dem ein alter Herd stand. Louies Frau hatte, wenn es im Sommer heiß war, immer draußen gekocht. Weiter im Hintergrund, vom hohen Gras fast bedeckt, stand eine ovale, mit Segeltuch bedeckte kleine Hütte, die er als Schwitzhütte benutzte. Ich erfuhr auch bald, wozu sie diente.

Als ich Louies hölzerne Veranda hinaufstieg, hörte ich seine Stimme in gutem Englisch von drinnen herausrufen: «Hallo, Häuptling, nur hereinspaziert!» Dies war eine Form der Anrede, die die Weißen ihm gegenüber oft verwendet hatten und die er jetzt selbst benutzte. Viele Indianer fühlen sich beleidigt, wenn man sie mit «Häuptling», mit «Squaw» oder anderen merkwürdigen Ausdrücken anredet, Louie aber nahm das als Spaß. Offensichtlich mochte er die Art und Weise, in der ich versuchte, in meinem Auftreten und in meiner Kleidung indianische Sitten zu befolgen, und wollte mir zeigen, daß ich ihm willkommen war.

Als ich hereinkam, sagte Louie, er habe mich schon mit Mary Ann in der Stadt gesehen und gehofft, ich werde ihn besuchen kommen. Er stand an einem alten, verzierten Herd, schnitt Kartoffeln in Scheiben und tat sie in einen Topf mit Wasser. Er trug ein leuchtend rotes langärmeliges Hemd, das überall mit Blümchen gemustert war. Dazu trug er ein neues Paar Jeans mit umgekrempelten Hosenbeinen. An den Füßen hatte er ein Paar Rehmokassins, obwohl ich ihn später auch in schweren Arbeitsstiefeln sah. Was aber an ihm am meisten auffiel, war sein dunkles, schönes Gesicht und sein langes Haar, das noch sehr dicht und glänzend schwarz war. Er trug es in zwei Zöpfen, die auf ganzer Länge mit buntem Garn umwickelt waren. Eine Haarlocke hatte er stehenlassen, die er von seiner Stirn zurückkämmte und wie einen kleinen Pferdeschwanz zusammenband. Es war eine Frisur, die er von seinen Vorfahren übernommen hatte.

Louie sagte mir, ich solle mich hinsetzen, während er mit seiner Küchenarbeit weitermachte. Ich nahm einen Stuhl und bemerkte, wie gemütlich er es hatte. Sein Zuhause war klein und angefüllt mit allerlei interessanten Dingen. In der Ecke stand ein großes Bett mit einem Eisenrahmen, an dessen hohen Eckpfosten Kleidungsgegenstände und einige Halsketten hingen. Er trug sehr gerne bunte Schals, und mehrere davon hingen an Nägeln an der Wand. Statt Schränken benutzte er große, altmodische Koffer, aber die Speisekammer hatte einen schönen Küchenschrank mit geschnitzten Beinen und einem großen Mehlkasten. Von einem Nagel in der Ecke hinter seinem Bett hing ein Bündel von der Länge und der Breite eines Unterarms. Es war mit rotem Tuch umwickelt und an jedem Ende an Lederriemen aufgehängt. Ich wußte genug über das althergebrachte Indianerleben, um darin ein Medizinbündel zu erkennen – eine Sammlung von Dingen, die ihm am heiligsten waren. Aber ich wußte noch nicht, daß diese Dinge als so persönlich angesehen werden, daß es als unhöflich gilt, danach zu fragen. Als ich es dennoch tat, gab er mir freundlich zur Antwort: «Wenn du im Winter hier gewesen wärest, hättest du etwas darüber erfahren können.» Er bezog sich dabei auf die Zeit der alten Stammeszeremonien, bei denen die Stammesangehörigen in Liedern ihre persönlichen Medizinkenntnisse austauschen.

Damals wußte ich noch nicht und Louie sagte mir auch nicht, daß diese Winterzeremonie gelegentlich noch stattfand, für gewöhnlich allerdings ohne die Anwesenheit von Außenstehenden. Ohnehin dauerte es eine lange Zeit, bevor das Thema Religion und Medizin zwischen ihm und mir wieder zur Sprache kam. Er und andere alte Indianer lehrten mich, daß diese Dinge besser in der Stille des Herzens aufgehoben sind als in lautem Reden oder auf gedrucktem Papier.
Louie lud mich ein, mich zu ihm an den großen, schweren Tisch zu setzen, auf dem seine Mahlzeit bereitstand. Er sagte, es sei sein Lieblingsessen; das Gericht bestand aus Rehfleisch und Kartoffeln mit Kaffee und einigen Scheiben Brot. Unter älteren Indianern war das die beliebteste Mahlzeit. Ich war oft dabei, wenn sie es in teuren Restaurants ausgefallenen Speisen vorzogen. Sie waren immer mißtrauisch gegen ein Gericht, das sie nicht schon an seinem Aussehen erkannten.

Wir aßen vor einem Fenster, durch das wir auf einen nahegelegenen Hügel schauen konnten. Louie erzählte, manchmal sähe er dort Rehe und Elche, die er auch erlegte, wenn er gerade Fleisch brauchte. An der gegenüberliegenden Wand hing ein großes Hirschgeweih, auf dem zwei Winchesterbüchsen lagen. Sein eigener Platz hatte die beste Sicht, und ich bemerkte oft, wie er immer wieder einen prüfenden Blick nach draußen warf.
Auf dem Tisch lag ein Öltuch, und wir aßen von Zinntellern. Auf der anderen Seite des Tisches lag eine Ansammlung von Krimskrams – Streichhölzer, Münzen, Perlen, Zigarettenpapier und andere Dinge, die er wahrscheinlich manchmal aus seinen Taschen hervorholte. Darunter lagen auch mehrere Teile, die so aussahen, als gehörten sie irgendwo in den Motor des alten, ramponierten Lastwagens, den er fuhr.
An den Fensterrahmen und auf die ihn umgebende Mauer waren wie an eine Pinnwand Bilder, Postkarten und andere Papiere

geheftet. Darunter befand sich auch eine Bleistiftzeichnung, die ein staunendes Schulkind von ihm angefertigt hatte. Es war kein schmeichelhaftes Bild, aber es sah ganz so aus, als habe es schon viele Jahre hier gehangen. Louie hatte keine eigenen Kinder.

Obwohl Louie in einem Haushalt aufgewachsen war, der an den alten Gebräuchen festhielt, besuchte er mehrere Jahre die Schule und konnte lesen und schreiben. Den größten Teil seiner Schulzeit verbrachte er bei den Jesuiten auf der örtlichen Missionsstation, besuchte aber auch eine Zeitlang eine weiterführende Schule für Indianer im Staat Oregon. Er wurde zusammen mit zwei Freunden dorthin geschickt. Er erzählte, daß sie zunächst von dem Erlebnis begeistert waren, weil sie auch hofften, Mädchen von anderen Stämmen zu treffen. Bald aber litten sie so an Heimweh, daß sie daran dachten, wieder nach Montana zurückzukehren.

Damals herrschte in Indianerinternaten eine äußerst strenge Disziplin. Wenn Louie um Erlaubnis gefragt hätte, nach Hause zurückzukehren, hätte man seine Bitte abgelehnt und ihm vielleicht noch dazu eine Tracht Prügel verpaßt. So machten Louie und seine Freunde sich heimlich auf und davon. Sie wußten die ungefähre Richtung und reisten meist nachts, um nicht gefaßt zu werden. Indianer durften damals ihr Reservat nicht ohne besondere Erlaubnis verlassen, und eine solche Erlaubnis konnten sie nicht vorweisen. Das notwendige Essen holten sie sich von den Feldern und aus den Schuppen von Farmern und Ranchern. Mehrere Male brachen sie auch in die leeren Hütten von Bergarbeitern und Schäfern ein, entweder um zu übernachten oder um sich Kleider und Decken zu besorgen. Als sie zu Hause ankamen, durften sie bleiben und mußten nicht mehr zur Schule zurückkehren.

Seine Hauptbeschäftigung hätte Louie ohnehin nicht in der Schule lernen können. Er war Vorsänger bei Tänzen und anderen Stammesfesten. Mit seinen Brüdern Adolf und Andrew bildete er eine Singgruppe, die im ganzen nordwestlichen Indianerland bekannt war. Darum wurden sie auch ausgewählt, um bei der Plattenaufnahme mitzuwirken, von der Mary Ann mir erzählt hatte. Als ich ihn traf, war er schon über achtzig Jahre alt, hatte aber noch eine starke, klare Stimme und ein gutes Gedächtnis für alle Arten indianischer Lieder.

Die berühmten Ninepipe-Brüder hatten außer ihrem Gesangstalent auch noch andere Begabungen. Andrew, der älteste und stillste der drei, war dafür bekannt, daß er Krankheiten durch wilde Pflanzen und geheimnisvolle Rituale heilen konnte. Adolf war ein angesehener Musikinstrumentenmacher, er baute unter anderem Trommeln und Flöten. Wegen seiner fröhlichen und heiteren Natur hatte er den Spitznamen «Happy Ninepipe». Auch Louie war fröhlich, besonders dann, wenn er Liebeslieder seines Stammes sang oder sie auf einer der Flöten seines Bruders spielte. Er war immer noch überzeugt, daß diese Lieder ihm noch ein «Liebchen» bringen würden, wie es in seiner Jugend oft der Fall gewesen war. Zuerst dachte ich, er sage das im Scherz, aber bald will ich euch erzählen, was wirklich geschah.

Die Flatheads waren bekannt für ihre Freundlichkeit, ihre Unbeschwertheit und ihre Liebe zum Singen und Tanzen. Als sie noch auf die Büffeljagd gingen, versammelten sie sich vor fast jeder wichtigen Gelegenheit zum Singen und Tanzen. Es gab Lieder zum Auszug zur Jagd, zum Aufbruch der Krieger in die Schlacht und für Besuche bei befreundeten Stämmen. Es gab Siegesgesänge, wenn die Krieger erfolgreich zurückkehrten, und traurige Lieder, wenn sie ausblieben. Es gab viele zeremonielle Lieder, bevor die Missionare die christliche Religion einführten, aber viele dieser Gesänge gerieten in Vergessenheit, als die Zeit der Kriege und der Büffeljagd zu Ende ging. Dazu gab es noch Lieder zu indianischen Glücksspielen und Wiegenlieder sowie persönliche Medizinlieder, die die einzelnen meist für sich behielten.

Das meistbenutzte Instrument war die Handtrommel; zu ihrer

Herstellung spannte man ein Stück feuchter Rohhaut über einen hölzernen Reif, der ungefähr doppelt so groß war wie ein normaler Teller. Die Trommeln, die bei öffentlichen Tänzen benutzt wurden, waren für gewöhnlich groß genug, daß fünf oder sechs Männer um sie herumsitzen und sie im Takt mit ihren langen, schmalen Trommelstöcken schlagen konnten. Viele Jahre lang wurden diese großen Trommeln als besondere Gegenstände angesehen, deren Besitzer bei Festen die Zeremonien anführten. Heutzutage werden anstelle der handgemachten oft moderne Baßtrommeln aus Musikläden benutzt.

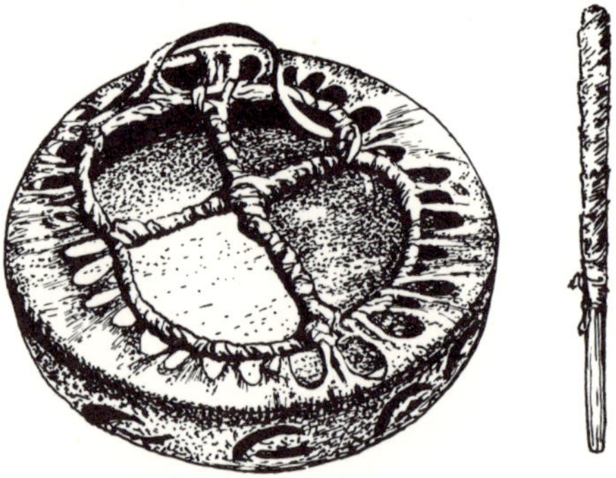

Flöten wurden im allgemeinen aus Holzstücken gemacht, deren weicher Kern sich leicht entfernen ließ. In der Nähe eines der beiden Enden wurde ein Schlitz geschnitten, und dann wurde die Öffnung am anderen Ende der Flöte mit Fichtenharz verschlossen. Ein Lederriemen wurde um den Schlitz gebunden und so befestigt, daß der richtige Klang entstand. Es gab jeweils zweimal drei Löcher für die Noten sowie ein weiteres Loch, das nicht benutzt wurde, aber als Glücksbringer angesehen wurde.

Louie schien als einer der letzten Flatheadindianer aus der alten Zeit ein wenig traurig und einsam. Er schien es fast ernst zu meinen, als er sagte, ich hätte bei ihm aufwachsen und seine ererbte Lebensweise erlernen sollen. Diese Besuche fanden vor der Zeit statt, in der unter den jungen Indianern das Interesse für ihre eigene Kultur wieder erwachte. Louie hätte gerne seine ganze Zeit damit verbracht, interessierten Jungen seine einfache Lebensweise vorzuführen. Er lud mich zu einem weiteren Besuch ein und sagte, er würde mir behilflich sein, eine kleine Trommel herzustellen, und wir könnten gemeinsam ein Schwitzbad nehmen.

Als ich ihn das nächste Mal besuchte, brachte ich mein Tonbandgerät mit, um einige seiner Lieder aufzunehmen. Er kam meiner Bitte gerne nach, nahm seine Trommel von einem Nagel in der Wand und stellte sie neben den warmen Ofen, damit ihr Fell sich straffte. Ab und zu schlug er sie leicht mit seinem Trommelstock und murmelte dabei zu mir herüber, daß er sie nur ausprobiere. Sie mußte den richtigen Ton haben, bevor er sie benutzte.

Zu Louies Lieblingsliedern gehörten diejenigen, die bei dem sogenannten Rundtanz gesungen wurden, an dem Frauen und Männer teilnahmen. Dabei bewegten sich die Tänzer in großen Kreisen seitwärts, wobei sich oft zwei Gruppen gegenüberstanden und in entgegengesetzte Richtung tanzten. Freunde und Rivalen riefen einander etwas zu, wenn sie aneinander vorbeikamen, während die jungen Männer und die Mädchen einander anblinzelten und sich Zeichen gaben. Viele Liebesgeschichten begannen bei solchen Tänzen, und manchmal gab es auch Liebeskummer und Eifersucht.

Bevor Louie ein neues Lied anfing, ging er es schweigend in Gedanken durch. Manchmal spitzte er dabei seine Lippen und pfiff leise die Melodie, bis sie stimmte. Während einem der Rundtanzlieder stand er mit seiner Trommel auf und sagte: «So haben wir immer Musik gemacht, in der Mitte der Tanzfläche, während die Leute im Kreis um uns herumtanzten.» Er schloß daraufhin seine Augen und versetzte sich sicherlich innerlich in diese glücklichen Zeiten zurück.

Von seinen vielen Melodien gefielen mir die am besten, die er auf der Flöte spielte. Er hatte noch zwei dieser Instrumente, die seltsamerweise aus Stahlstücken gemacht waren, die man von alten Gewehrläufen abgesägt hatte. Er bot mir an, mir eine für fünfundzwanzig Dollar zu verkaufen, aber ich hatte gerade diese Summe gespart, um damit im Sommer eine Reise zu machen. Seither habe ich oft gewünscht, ich hätte ihm das Geld gegeben und mich erst nachher um Benzin für meinen Lastwagen gekümmert. Als ich ihn im darauffolgenden Jahr wiedersah, waren die Flöten nicht mehr da. Er sagte mir, einer seiner Freunde habe sie mitgenommen, um sie gegen Schnaps einzutauschen.

Louie erzählte, die Flöten würden meist von jungen Männern benutzt, um Liebeslieder zu spielen. In den alten Tagen gingen sie damit um den Zeltplatz herum und unterhielten das ganze Lager, wenn es dunkel geworden war. Die Mädchen wurden von ihren Eltern streng überwacht und durften nicht alleine von zu Hause fortgehen, vor allem nicht nachts. Aber die meisten kannten die besonderen Lieder und Melodien ihrer Freunde und warteten darum jeden Abend gespannt, bis die Flöten zu spielen anfingen.

Ein alter blinder Mann namens Pierre Pichette hatte Louie das «Liebeslied» gelehrt, mit dem er dem Mädchen den Hof machte, das schließlich seine Frau wurde. Pichette war Louies Stiefvater, ein Mann, der nicht nur wegen seiner schönen Lieder, sondern auch wegen seiner Kenntnis der Stammesgeschichte bekannt war. Wegen seiner Blindheit regten ihn die Missionare an, von den alten Leuten des Stammes alles in Erfahrung zu bringen, woran sie sich noch erinnerten. Dabei lernte er auch ihre Heilverfahren, mit denen er vielen Leuten helfen konnte, bis er schließlich 1954 in hohem Alter starb.

Louie erzählte, daß nach Pierres Worten dieses Liebeslied von einem Musiker namens Eneas Three Heads («Drei Köpfe») stamme. Der habe es einmal während eines Traums, als er sich auf einem Jagdausflug im Tal ausruhte, erlernt. Im Schlaf habe Eneas den entfernten Klang einer wunderschönen Musik vernommen. Zunächst wußte er nicht, wo die Musik herkam, aber dann sah er einige kleine Insekten, die mit glänzenden Flügeln auf ihn zuflogen. Eines der Insekten sagte zu ihm: «Wir machen die Musik, die du hörst. Wir benutzen Flöten, Rasseln, Glocken und Trommeln. Wir können viele Zauberdinge mit unserer Musik bewirken, und von nun an hast auch du diese Macht. Wir werden dich ein Lied lehren. Du mußt dir genau dieselbe Flöte machen, auf der du uns spielen siehst. Wenn du dieses Lied spielst, kannst du damit das Herz jeder Frau gewinnen, die du liebst, gleichgültig wer sie ist oder wie weit entfernt sie von dir wohnt. Du mußt dieses Lied oft spielen und ganz fest an die Frau denken, die du liebst. Dann werden wir kommen und das Lied ins Herz der Frau hineintragen. Sehr bald wird sie anfangen, an dich zu denken, bis sie an nichts anderes mehr denken kann. Du kannst dieses Lied auch jemand anderem geben, und es wird die gleiche Wirkung haben.»

Aber wieder zurück zu unserem Louie. Er war im Laufe der Zeit

immer einsamer geworden und hatte das Elend kennengelernt. Einen großen Teil seiner Zeit verbrachte er in der Kneipe. Seine Sammlung von Schätzen aus der alten Zeit wurde immer kleiner. Einmal fuhr er mehrere hundert Meilen, um an dem Tanzfest eines anderen Stammes teilzunehmen. Auf dem Nachhauseweg hielt er in einer Stadt an, um noch etwas nachzufeiern. Er hätte sich ein Zimmer in einem Hotel nehmen und dort bleiben sollen, aber er beschloß, noch in derselben Nacht nach Hause zu fahren. Er kam nicht weit, bis sein Lastwagen im Straßengraben landete. Er ließ seinen Koffer und seine Habe zurück und kehrte zu Fuß in die Stadt zurück. Als er am nächsten Morgen zu seinem Lastwagen zurückkam, war alles verschwunden, auch der Koffer, in den er sein perlenbesetztes Tanzkleid gepackt hatte. Verschwunden waren auch seine Mokassins, seine Jacke, sein Gürtel, Armbänder, Gamaschen und sein Kopfschmuck, alles selbstgemachte Geschenke seiner verstorbenen Frau. Die Tränen traten ihm in die Augen, als er es mir erzählte.

Aber in all diesem Elend blieb Louie noch eine Hoffnung. Ein junges Mädchen aus England, Vivien, schrieb ihm häufig. Und nachdem sie seine Lieder auf der Schallplatte gehört hatte, wollte sie sogar zu ihm kommen. Er sagte, dies sei dem Liebeslied zuzuschreiben und er rechne jederzeit mit ihrer Ankunft. Ich hatte zunächst vermutet, er habe diese Geschichte erfunden, aber als Beweis zeigte er mir einige der Briefe.

Einmal nahm ich ihn mit in die Stadt, weil er seine Post abholen wollte; darunter waren auch mehrere neue Briefe von seinem «Mädchen», wie er sie nannte. Sie waren etwas parfümiert, und auf dem ganzen Nachhauseweg beschnupperte er sie mit breitem Lächeln. Als wir in seiner Hütte angelangt waren, setzte er sich in einen Sessel und bat mich, ihm vorzulesen, was sie schrieb, während er sich zurücklehnte und mit geschlossenen Augen zuhörte. Ich wurde fast rot, als ich so viele Liebeserklärungen vorlesen mußte, bis er schließlich abwinkte und sagte: «Das genügt! Mehr kann ich nicht vertragen. Sie ist nicht da, und ich kann doch nicht mit diesen Briefen schmusen!»

Als ich ihn das nächste Mal wiedersah, war er ziemlich besorgt. Er wurde immer schwächer, und sogar seine Stimme war so unsicher, daß er nicht mehr singen konnte. Er bekam immer noch Briefe aus England, aber er sagte: «Sie schreibt, daß sie immer noch kommen will, aber sie sollte sich besser beeilen, oder sie findet mich sechs Zoll unter dem Rasen!»

Die nächste Nachricht, die ich über Louie und seine englische Freundin erfuhr, stammte von der Titelseite einer Zeitung. «Märchenhochzeit», sagte die Schlagzeile, und die Geschichte berichtete, wie die beiden sich getroffen hatten. Das Mädchen hatte gerade noch die Reise über das Meer geschafft, bevor ihr

Der vierundachtzigjährige Louie Ninepipe mit seiner jungen englischen Frau Vivien. Sie verliebte sich in ihn, als sie seine Stimme auf einer alten Schallplatte hörte. Ein Autounfall fesselte ihn in seinen letzten Jahren an den Rollstuhl, aber bis zum Schluß bewahrte er sich ein heiteres Gemüt. (Foto: Adolf Hungry Wolf)

das Geld ausging. Louie ließ ihr per Post genügend Geld zukommen, daß sie bis Missoula fahren konnte, eine Stadt in der Nähe seines Reservats. Sobald sie aus dem Bus gestiegen war, fielen sie einander um den Hals, küßten sich und gingen dann geradewegs zum örtlichen Standesamt, wo sie heirateten. Louies Liebeslied hatte wieder einmal gewirkt, und sechs Fuß unter dem Rasen war er noch lange nicht!

Aber die Flitterwochen dauerten nicht sehr lange. Einige Monate nach ihrer Heirat waren Louie und Vivien im Auto unterwegs und vergaßen, an dem gefährlichen Eisenbahnübergang nach beiden Seiten zu schauen. Wieder kam in der Dunkelheit ein Zug und zertrümmerte Louies Wagen. Das Paar überlebte, doch Louie blieb an den Rollstuhl gefesselt. Trotzdem behielt er seine Fröhlichkeit, weil sich jetzt jemand um ihn kümmerte. Manchmal verhätschelte seine neue Frau ihn so sehr, daß er vor den Leuten verlegen war. Doch wenn sie ihn darum gebeten hätte, wäre er mit ihr Rock 'n' Roll tanzen gegangen!

Ich war nicht dabei, als Louies Zeit endgültig ablief. Er wurde auf einem kleinen Friedhof im Tal gegenüber seinem Haus beerdigt, neben den Gräbern seiner Brüder und ihrer Frauen. Vivien sammelte alle übriggebliebene bewegliche Habe und trat einer religiösen Gruppe bei, die sich für die Indianer einsetzte. Louie hatte die Blockhütte einem Freund versprochen, der auch sehr bald kam und sie abriß. Schließlich kam noch jemand anderes und verbrannte die Überbleibsel. Als ich das nächste Mal wieder vorbei kam, war kaum mehr zu erkennen, wo Louie gelebt hatte. So sterben die alten Leute und lassen nur ihre Geister zurück.

Warum die Flatheads keine flachen Köpfe haben und wie sie ihr Lieblingsland verloren

Fremde sind oft verblüfft, wenn sie feststellen, daß die Flatheads ein außergewöhnlich schönes Volk sind, bei dem niemand einen flachen Kopf hat, obwohl sie so heißen. Die Leute, deren Köpfe wirklich flach aussahen, sind ihre entfernten Verwandten am Pazifik. Diese Leute hatten die Gewohnheit, die Köpfe ihrer Kinder zwischen Bretter zu binden, damit sie eine ganz bestimmte, abgeflachte Form annahmen, die für den modernen Geschmack unschön wirkt. Angeblich taten sie das, um ihre Stammesangehörigen von den vielen Sklaven zu unterscheiden, die sie auf ihren Feldzügen gefangennahmen. Anscheinend besuchten einige dieser flachköpfigen Leute die büffeljagenden Flatheads, deren Sprache sie verstanden und mit denen sie Tauschhandel trieben. Die Fremden, die in die Gegend kamen, verwechselten die beiden Gruppen, und spätere Entdecker hielten den unzutreffenden Namen fest, der seither allgemein Verwendung findet.

Aber Flathead heißt auch die schöne Gegend, in der sie heutzutage leben, und auch ein schöner und beliebter See am Nordende ihres Reservats. Die Flatheads sind ein sehr fortschrittlicher Stamm mit mehr als dreitausend Mitgliedern, die einen Teil ihres Reservats mit einer Gruppe der benachbarten Kootenais (die in Kanada Kootenays geschrieben werden) teilen. Durch Mischehen und Landverkäufe an Stammesfremde haben sich diese Leute sehr rasch in die sie umgebende westliche Gesellschaft integriert. Schon Jahrhunderte bevor die Weißen kamen, durchstreiften die Flatheads die Gegend, die heute Westmontana heißt. Von den Seen und Tälern der zahlreichen Berge zogen sie weit über die offenen Ebenen, wo die Büffel anzutreffen waren. Wo ihre Vorfahren ursprünglich gelebt haben, kann niemand mit Sicherheit sagen. Obwohl sie tapfer gegen ihre Erbfeinde kämpften, gegen die Schwarzfuß, die Schoschonen, die Gros Ventre und

die Sioux, griffen sie niemals die Siedler an, die ständig weiter nach Westen vordrangen und ihnen schließlich ihre angestammte Heimat raubten.
In einer Gegend, in der die eingeborenen Stämme wegen ihrer Angriffslust und ihrer List gefürchtet waren, müssen die Flatheads wie eine Insel der Sicherheit und der Freundschaft gewirkt haben. Auch die oft sehr kritischen Missionare des neunzehnten Jahrhunderts billigten den Flatheads die Tugenden der Bescheidenheit, der Offenheit, des Mutes, der Güte und der Großzügigkeit zu. «Ein Volk von Häuptlingen», sagte von ihnen einer der katholischen Priester.
Ein wichtiges Ergebnis der Freundlichkeit der Flatheads waren die Mischehen, die sie schon sehr früh mit Leuten anderer Stämme, anderer Völker und sogar anderer Kontinente eingingen. Nach den Angaben von Pater Ravalli – einem katholischen Priester, der die meiste Zeit seines Lebens bei den Flatheads verbrachte und im Verlauf seiner zahlreichen Taufen die meisten Familiengeschichten aufzeichnete – gab es schon 1875 keine reinblütigen Flatheads mehr. Im Jahre 1920 stellte ein Wissenschaftler namens Teit die folgende Liste von Stämmen auf, mit denen Flatheads Ehen eingegangen waren: Kootenai, Schwarzfuß, Schoschonen, Nez Perce, Krähenindianer, Pend d'Oreille, Kalispel, Spokan, Cœur d'Alene, Colville, Sanpoil, Okanagan, Columbia, Shuswap, Thompson, Lillooet, Cherokee, Chippewa, Delaware, Shawnee und Irokesen.
Ein berühmter Fall einer Mischehe wurde von Teit festgehalten. Er betraf John Grant, der zu den Indianern zog, weil er ihre Sitten und Gebräuche schätzte. Seine Mutter hatte dem benachbarten Stamm der Kalispel angehört, während sein Vater ein Händler bei der Hudson's Bay Company war. Grant lebte im Flatheadreservat in einem runden Blockhaus mit sechs Schlafzimmern, in denen jeweils eine seiner sechs Frauen wohnte. Jede Frau gehörte einem anderen Stamm an. Später verließ er sie alle und auch seine Kinder und zog in ein Mischlingsdorf in Kanada. Seine Nachkommen gehören zum Stamm der Flatheads.

Die letzten drei Stämme auf Teits Liste, die Delawaren, die Shawnee und die Irokesen, leben an der Ostküste des Kontinents, also sehr weit vom Land der Flatheads entfernt. Tapfere und abenteuerlustige Stammesangehörige machten sich gegen Ende des achtzehnten Jahrhunderts auf den Weg in den wilden und unentdeckten Westen. Sie kamen im Dienst von Händlern und Fallenstellern und wurden bei einigen der westlichen Stämme freundlich aufgenommen. Diejenigen, die in diesen ersten Jahren nach Osten zurückkehrten, müssen die Freundlichkeit der Flatheads in strahlenden Farben geschildert haben, und ebenso ihr wildes, schönes und unberührtes Land, in dem sie praktisch ungestört lebten. Damals hatten ihre eigenen Stämme im Osten schon seit Generationen unter den Eindringlingen von jenseits des Atlantik zu leiden. Für sie war das Leben der Flatheads wie ein wiedergewonnenes Paradies.

Einer der ersten Irokesen, der nach dem Besuch bei den Flatheads begeistert in den Osten zurückkehrte, war Ignace La Mousse, der unter dem Namen «Old Ignace» bekannt wurde. Er setzte sich an die Spitze einer Gruppe von vierundzwanzig Auswanderern, alles Leute seines Stammes, der damals in der Gegend von Montreal in Ostkanada lebte. Diese Gruppe verließ ihre Heimat und begab sich ungefähr 1815 zu Fuß auf die lange Reise durch die Rockies.

Einige der Leute, die mit Old Ignace mitzogen, hatten ihrerseits schon europäische Vorfahren. Binnen kurzer Zeit hatten sie auch diese Rasse durch Mischehen bei den Flatheads eingeführt. Ein genauso wichtiger Beitrag, den diese Irokesen für das Leben der Flatheads mitbrachten, war die Einführung katholischer Riten und Glaubensvorstellungen. Den Flatheads gefiel das, was sie von diesen Indianern aus dem Osten erfuhren, und sie wollten darum Näheres wissen. Also machte sich eine Gruppe von Flatheads zusammen mit einigen ebenfalls interessierten Nez Perce auf den Weg zu der katholischen Niederlassung im weitentfernten St. Louis am Missouri.

Die Gegend, die diese tapfere Delegation durchqueren mußte,

war voller feindlicher Stämme und anderer Gefahren. Nur ein einziges Mitglied der Gruppe schaffte den ganzen Weg bis St. Louis, aber es gelang ihm nicht, einen katholischen Priester zu überreden, mit ihm zu den Flatheads zurückzukehren.

Einige Jahre später, im Jahr 1835, machte sich eine zweite Gesandtschaft auf den Weg nach St. Louis, diesmal unter der Führung von Old Ignace selber. Aber auch sie konnten keinen Priester überzeugen, mit ihnen zurückzukehren. Bald nach ihrer Rückkehr wurde eine andere Delegation zusammengestellt. Zu dieser Gesandtschaft gesellte sich eine große Gruppe von Angehörigen der verschiedensten Stämme der Pazifikküste, die von einem heimkehrenden Missionar in den Osten geführt worden war. Die ganze Gruppe wurde jedoch von den Sioux vernichtet, als sie auf deren Gebiet kam. Eine vierte Delegation wurde wieder von Old Ignace angeführt, und diesmal erklärte sich der berühmte Pater De Smet endlich bereit, die Flatheads zu besuchen. Er gelangte im Jahr 1840 in ihre Lager und traf bei den meisten Leuten auf ein freundliches Willkommen.

Im Jahr 1841 kam De Smet zu einem zweiten Besuch zu den Flatheads zurück, brachte aber diesmal fünf Assistenten mit. Mit Hilfe der Indianer wurde bald mitten im heiligen Bitterroot Valley («Bitterwurzeltal») die Missionsstation St. Mary errichtet. Aber nach ihrer ganzen Anstrengung, etwas über die katholische Religion der Weißen zu erfahren, waren die Flatheads bald entmutigt. Sie hatten durch die katholischen Riten ihre eigenen überlieferten Gebräuche ergänzen wollen, die engstirnigen Priester aber sahen diese Gebräuche als heidnisch und böse an. Statt die mögliche Schönheit einer solchen Verbindung zu erkennen, verlangten sie, sofort mit der uralten Überlieferung Schluß zu machen, und versuchten immer wieder, sie zu unterbinden. Schon 1850 mußte die Missionsstation schließen und öffnete erst wieder 1866. Die Flatheads behielten jedoch von selbst einige der katholischen Bräuche bei und feierten oft gemeinsam die Messe, bevor sie auf Büffeljagd oder sogar auf den Kriegspfad zogen.

Jim Delaware geht zu den Flatheads

Unter den Indianern, die von den östlichen Stämmen zu den Flatheads kamen, war auch Jim Delaware, dessen Sohn John nur wenige Jahre vor meiner Begegnung mit Louie gestorben war. Dieser Jim war bei den Delawaren unter dem Namen «Baum mit dem trockenen Wipfel» bekannt. Als junger Mann überredete er seinen Vater, ihn mit einer kleinen Gruppe von Fallenstellern nach Westen ziehen zu lassen. Seine Familie hatte schon europäische Vorfahren, befolgte aber auch noch viele indianische Gebräuche. Jims Verwandte gaben ihm zwei Pferde und die notwendige Ausrüstung und wünschten ihm viel Glück.

Mit Jim Delaware zogen noch sechs andere Männer nach Westen, hauptsächlich in der Absicht, Fallen zu stellen. Sie begannen ihre Reise im Frühling, und bald stießen drei weiße Männer zu ihnen, die ebenfalls nach Westen zogen. Auf der offenen Ebene wurden sie von einem Kriegstrupp der Sioux gefangengenommen, die die Weißen in Gefangenschaft behielten, die Delawaren aber weiterziehen ließen.

Weiter im Westen wurde die übriggebliebene Gruppe von einem Trupp Schoschonenkrieger angegriffen, der ihnen die meisten Pferde wegnahm. Die Delawaren hatten als Lasttier auch einen Maulesel dabei, der an dem Tag gerade nichts zu tragen hatte, so daß einer der Feinde ihn zu besteigen versuchte. Er wurde sogleich abgeworfen, und in seiner Wut tötete er einen Mann der Delawarengruppe.

Unterwegs stellten die Männer einige Fallen und tauschten die Pelze gegen Vorräte und Geld, wenn sie zu Handelsniederlassungen kamen. Auf diese Weise erreichten sie schließlich Kalifornien und beschlossen, den Winter in Begleitung von verschiedenen Indianern, von Weißen und Mexikanern an der Pazifikküste zu verbringen.

Im folgenden Frühjahr verließen die Delawaren Kalifornien und zogen nach Nordosten in Richtung Rocky Mountains. Sie durchquerten eine große Wüste, in der ihnen mehrere Pferde verendeten. Einmal waren sie so durstig, daß sie das Blut eines Büffelbullen tranken, den sie alleine angetroffen und erlegt hatten. Auf ihrem Weg betätigten sie sich weiterhin als Jäger und Fallensteller. Sie trafen ein zweites Mal auf Krieger der Schoschonen, die diesmal jedoch freundlicher gesonnen waren. Drei Männer aus der Gruppe blieben sogar über ein Jahr bei den Schoschonen, der Rest zog weiter. Einer derjenigen, die dablieben, heiratete eine Schoschonenfrau und hinterließ einen Sohn, als die drei schließlich wieder weiterzogen.

Flatheads bei einem Pow-Wow im Jahr 1920. Zweiter von rechts ist Louie Combs, der Mann von Marie Ann. Er trägt einen Kopfschmuck aus Stachelschweinhaaren, und hinten hängt an seinem Gürtel ein langer Federbusch. Der Mann ihm gegenüber ist Michel Kiser, dessen Großvater aus dem Osten zu den Flatheads kam. Zweiter von links ist Tony Delaware, dessen Großvater ebenfalls aus dem Osten stammte. Er trägt einen Kopfschmuck aus Adlerfedern und eine besondere Tracht, die mit gegerbtem Wieselfell verziert ist. (Foto: Marie Ann Combs)

Den nächsten Winter verbrachten diese drei, zu denen auch Jim Delaware gehörte, bei einer Stammesgruppe der Nez Perce. Als sie schließlich weiterzogen, hinterließ Jim eine Tochter. Diesmal erreichten sie das Bitterroot Valley der Flatheads, in dem schon andere Einwanderer aus dem Osten lebten. Jim fand einen alten Freund und Nachbarn aus dem Osten wieder, der allein lebte und sehr krank war. Er ließ sich überreden, den schwerkranken Mann zu pflegen. Und als sein Freund sich soweit erholt hatte, daß er eine Flatheadfrau heiraten konnte, die er getroffen hatte, hatte auch Jim Delaware unter den Flatheads eine Frau gefunden und ließ sich nun endgültig nieder.

In der Zeit von Jim Delawares Reisen gab es viele Männer der verschiedensten Stämme und Nationalitäten, die nach Westen zogen, um bei den Indianern zu leben. Einige brachten Gutes, andere Schlechtes in ihre neue Heimat mit. Die meisten, die in diesen frühen Jahren zu den Flatheads kamen, kamen mit guten Absichten. Außer dem christlichen Glauben lehrten sie die Flatheads auch, wie man in den Winterlagern im Bitterroot Valley Blockhäuser bauen konnte. Diese waren wärmer und stabiler als die Tipis. Sie führten auch den Ackerbau ein, der für die jagenden Flatheads etwas völlig Neues war. Sie wurden die ersten Büffeljäger, die die europäische Form der Landwirtschaft übernahmen.

Im Jahre 1855 schickte die U.S.-Regierung Vertreter, um mit den Flatheads und etlichen ihrer Nachbarn einen «Vertrag» zu schließen. Als sie die Flatheads baten, auf die Vertragspapiere ein Zeichen zu machen, waren sie in ihrer gewohnt freundlichen Art gerne dazu bereit, da sie aufgrund ihrer bisherigen Lebensweise keine Vorstellung davon hatten, was ein unterzeichneter Vertrag oder überhaupt ein Dokument bedeutet.

Mit ihren Tintezeichen hatten sich die Flatheadhäuptlinge arglos einverstanden erklärt, alle Ansprüche auf dreiundzwanzigtausend Quadratmeilen Land im Austausch gegen ein Regierungsreservat von zweitausend Quadratmeilen aufzugeben. Man versprach ihnen auch Ärzte, Schmiede, Farmer und andere

Lehrer, die ihnen die handwerklichen Fähigkeiten beibringen würden, die viele Flatheads so gerne erlernen wollten.

Häuptling der Flatheads war damals ein Mann namens Victor, der als tapfer und weise angesehen war. Er hielt seine Leute dazu an, in ihrem geliebten Bitterroot Valley Blockhütten und Farmgebäude zu errichten, in dem Glauben, sie könnten sich dort für immer in Frieden niederlassen. Es gelang ihnen auch, von den weißen Siedlern, die sich in ihrer Nähe niederließen, einiges über den Ackerbau zu lernen, aber die versprochenen Lehrer, Farmer und Ärzte trafen nie ein. Nach einigen Jahren geriet der Vertrag bei den Indianern in Vergessenheit und Victors Sohn Charlo wurde neuer Stammeshäuptling.

Bis zum Jahr 1872 lebten so viele Siedler im Flatheadland, daß die Regierung sich entschied, es sei nun an der Zeit, auf den Vertrag zurückzugreifen. Charlo sagte, er und sein Volk brauchten den Vertrag nicht, da sie auch so zurechtkämen. Unterhäuptlinge der Flatheads hatten schon einen Teil der Leute nach Norden in das Regierungsreservat geführt, aber er blieb lieber in seinem angestammten Land.

Stellt euch Charlos Überraschung vor, als er erfuhr, daß ein neuer Teil des Vertrages angeblich besagte, daß er und seine Leute sämtlich in das nördlich gelegene Reservat zu gehen hätten und darüber hinaus, daß er sich damit einverstanden erklärt hatte! Als Beweis zeigte man ihm auf dem Dokument ein X neben seinem Namen und auch die Zeichen der Unterhäuptlinge Arlee und Adolf. Die Regierung gab schließlich vor einem zornigen Publikum zu, daß «Charlos X» von einem Armeegeneral hingeschrieben worden war, bestand aber immer noch darauf, daß sich die Flatheads den Vertragsbedingungen zu fügen hätten. Als Charlo sich weigerte, das Tal zu verlassen, begann die Regierung, ihn zu ignorieren und erkannte Arlee als Oberhäuptling an. Um Charlos Leute zum Aufgeben zu bewegen, bot man ihnen Land, Häuser, freie Verpflegung und Geld im neuen Reservat an.

Im Laufe der Jahre zogen viele Flatheadfamilien entweder allein oder in kleinen Gruppen aus Bitterroot Valley fort. Einmal, im Jahr 1877, stand zu fürchten, daß Charlos Leute sich einer Gruppe der Nez Perce unter Häuptling Joseph anschließen würden, die sich damals aus einem ähnlichen angestammten Gebiet nach Kanada zurückzog. Joseph und Charlo waren alte Freunde, trotzdem warnten die Flatheads die Nez Perce, friedlich durch das Bitterroot Valley zu ziehen, ohne Unruhe zu stiften. Obwohl sie von der Regierung so betrogen worden waren, weigerten sich die Flatheads, gegen die Weißen zu den Waffen zu greifen.

Charlos Ausharren im Bitterroot Valley ging an einem kühlen Herbstmorgen im Jahre 1891 zu Ende, als berittene U.S.-Truppen die noch übriggebliebenen Flatheads unter Androhung von Gewalt aus ihrem geliebten Tal vertrieben. Damals waren die Büffel schon aus den Ebenen verschwunden, während weiße Siedler das beste Jagd- und Weideland in den Tälern in Beschlag nahmen. Man verteilte Schnaps unter Charlos Leuten und stiftete auch dadurch Unfrieden. Schließlich sagte der alte Häuptling zu den Behörden:

«Ich und meine Kinder werden gehen. Meine jungen Männer werden verdorben; sie haben keinen Platz mehr zum Jagen. Meine Frauen sind hungrig. Ihretwegen werde ich gehen. Ich will das Land nicht, das ihr mir versprecht. Ich glaube euren Versprechungen nicht. Alles, was ich wünsche, ist der Boden für ein Grab.»

Häuptling Antoine Moise

Als der Oberhäuptling Charlo seine traurigen Leute aus ihrer alten Heimat im Bitterroot Valley fortführte, war einer seiner treuen Helfer ein Krieger namens Antoine Moise, der auch unter dem Namen «Tür der Grizzlybärhütte» bekannt ist. Der Name Moise ist eine andere Form von Mousse. Moise stammte von dem Irokesen Ignace La Mousse ab. Auf einem Stammestanz im Jahre 1920 wurde er von James Teit folgendermaßen beschrieben:

«Am vierten Juli sah ich bei den Tänzen im Reservat den Häuptling Moise, der über seine Erlebnisse in Schlachten mit den Schwarzfuß und den Krähenindianern berichtete. Er trug nur Mokassins, Reithosen, Halsbänder, Armreifen und ein Stirnband. Sein ganzer Körper war gelb angemalt bis auf das rechte Bein unterhalb der Wade, das rot angemalt war. Er erklärte, er habe sich deswegen so angemalt, weil die Taten, von denen er berichtete, sich am Yellowstone River während einer großen Schlacht mit den Schwarzfuß abgespielt hatten. In einer Hand hielt er eine zeremonielle, speerartige Waffe, deren Klinge er in den Boden stieß. Sie hatte eine breite Eisenspitze und war von der Klinge bis zum Ende des Schafts ganz mit Otterfell umwickelt. Das Schaftende war eingebogen und bildete eine Schlaufe. Diese zeremonielle Waffe war ein Zeichen seiner Tapferkeit. Nur ein Mann, der in der Schlacht in Tuchfühlung mit einem überlegenen Gegner gekämpft hatte, hatte das Recht, einen solchen Speer bei Tänzen und Paraden zu tragen.»

Antoine Moise nahm an einer der berühmtesten Schlachten teil, die die Flatheads gegen ihre Feinde in der Prärie schlugen. Die Flatheadgruppe bestand aus ungefähr achtzig Jägern unter Führung ihres Kriegshäuptlings Arlee. Das Ganze geschah im Jahr 1860 in der Nähe des heutigen Reservats der Krähenindianer in Ostmontana. Hier ist die Geschichte:

Während sie nach einer Büffelherde suchten, trafen die Flatheads

Der Flatheadhäuptling Antoine Moise mit Tochter und Enkelkindern um 1910. Er trägt einen zeremoniellen Kopfschmuck und ein Halsband aus Grizzlybärklauen. Beides sind die Zeichen eines furchtlosen Kriegers. (Foto: Marie Ann Combs)

auf die noch frischen Spuren vieler Leute. Sie dachten, diese Spuren stammten von den Flußkrähenindianern, in deren Land sie sich befanden. In Wirklichkeit stammten sie aber von den Bergkrähenindianern, die vor einem großen Kriegstrupp der Sioux geflohen waren, die sowohl mit den Krähenindianern als auch mit den Flatheads verfeindet waren. Die Krähenindianer hatten vor kurzem mehrere Sioux getötet, deren Verwandten jetzt Rache nehmen wollten.

In dieser Nacht lagerten die Flatheads unvorsichtigerweise ganz in der Nähe der Stelle, an der sie die Spuren gesehen hatten, und glaubten sich in Sicherheit. Am Morgen wurden sie gerade noch rechtzeitig wach, um zu sehen, wie mehrere Fremde sich mit einigen ihrer Pferde davonmachten. Ein paar Flatheads saßen sofort auf und verfolgten die Diebe, die sich als Sioux herausstellten. Bei der nun folgenden wilden Jagd wurden vier der Sioux getötet und die meisten Pferde wieder eingefangen. Plötzlich aber fanden sich die beraubten Verfolger hinter einer Flußbiegung am Rand eines großen Siouxlagers.

Sofort änderte sich die Richtung der Verfolgungsjagd, da die Flatheads versuchten, ihre Gruppe wieder zu erreichen. Eine große Zahl Sioux war ihnen auf frischen Pferden auf den Fersen, und es gelang ihnen, mehrere Flatheads zu töten, bevor der Rest das Lager erreichte. Innerhalb kurzer Zeit war die ganze Abteilung der Flatheadjäger von einer Siouxstreitmacht umzingelt, die mehr als tausend Mann zählte.

Glücklicherweise hatten die Flatheads ein gut geschütztes Lager. Es gelang den Sioux nicht, es zu stürmen, obwohl sie achtzehn Flatheads töteten und viele andere verwundeten; die Belagerung dauerte den ganzen Tag. Die Flatheadjäger waren mit guten Büchsen ausgerüstet und behaupteten, vierundzwanzig Sioux getötet zu haben.

Die Schlacht endete nach Sonnenuntergang, als die meisten Sioux in ihr eigenes Lager zurückkehrten. Sie wußten, daß die Flatheads in der Falle saßen, darum ließen sie nur so viele Männer zurück, wie nötig waren, um die Jäger bis zum Morgen gefangenzuhalten. Die Flatheads kannten die Gegend aber sehr genau und fanden darum einen Fluchtweg, den die arglosen Sioux nach dem Einbruch der Nacht nicht mehr bewachten. Es gelang ihnen, mit all ihren Pferden und ihren Verwundeten zu entkommen. Bei Morgengrauen waren sie schon so weit, daß die Sioux sie nicht mehr einholen konnten, obwohl sie es versuchten. Später erfuhr man, daß die Siouxkrieger bei dieser Verfolgungsjagd ganz nahe an zwei weiteren Flathead-Jagdlagern vorbeikamen, die beide sehr klein und verwundbar waren. Zu der Zeit aber wußte das niemand.

Während einem der letzten Jahre im Bitterroot Valley war Antoine Moise in einen Streit zwischen Betrunkenen verwikkelt, bei dem er in Notwehr einen Mann umbrachte. Der Alkohol kam von einem unehrlichen Weißen, der die Indianer ausnutzte, wenn er sie betrunken gemacht hatte. Moise ging sofort zu Charlo, wie es Stammessitte war, und gestand seine Tat. Er wurde von mehreren seiner Verwandten begleitet, die ihn geschützt hätten, wenn die Familie des Getöteten versucht hätte, sich zu rächen, bevor der Oberhäuptling seine Entscheidung getroffen hatte.

Charlo war damals in Trauer, weil kurz zuvor eines seiner Kinder gestorben war. Aus diesem Grund waren viele Leute in seinem Haus versammelt. Als er den Zweck von Moises Besuch erfuhr, zwang ihn jedoch seine Pflicht, die Trauer kurz zu unterbrechen. Er befahl Moise, seine Kleider auszuziehen und sich auf den Boden zu legen. Dann hielt er ihm eine Strafrede, während alle Anwesenden zusahen und zuhörten. Dann ergriff er seine Peitsche – ein Amtszeichen der Flatheadhäuptlinge – und begann, Moise auf den Rücken zu schlagen.

Von einem anderen Mann geschlagen zu werden, ist die größte Demütigung für einen alten Krieger wie Moise. Dennoch verhielt er sich still und war tapfer, während der Häuptling bei jedem Peitschenhieb ein «Gegrüßet seist du Maria» aufsagte. Er hatte diese Sitte von den katholischen Missionaren übernommen. Nachdem drei Rosenkränze aufgesagt und über zweihundert Streiche ausgeteilt waren, ließ der Häuptling Moise endlich aufstehen. Das Blut lief an ihm herab. Aber Moise ging umher und schüttelte jedem in der Versammlung die Hand, auch seinem alten Freund Charlo. Am nächsten Tag kam der Sheriff in Charlos Lager, um Moise wegen des Mordes festzunehmen, aber Charlo sagte ihm, das Verbrechen sei schon gesühnt.

Mary Ann erzählt vom Alltag eines Flatheadmädchens

Mary Ann Combs wurde im Jahr 1881 in einem Tipi im Bitterroot Valley geboren. In den ersten zehn Jahren ihres Lebens wohnte sie außerhalb des Reservats, im Umkreis des traditionsbewußten Häuptlings Charlo. In ihrem hohen Alter, achtzig oder neunzig Jahre später, war sie die letzte ihres Stammes, die noch das Wissen ihrer Vorfahren erlernt hatte, mit dem sie vom Kind zur jungen Frau wurde.

Mary Ann wuchs bei ihren Großeltern auf, die sichergehen wollten, daß sie in der Art und Weise, die bei den Flatheads überliefert war, zur Frau werden würde. Als sie etwa dreizehn Jahre alt war, baten sie darum eine hochangesehene alte Frau, ihre Lehrerin zu sein. Diese Frau war Mrs. Ninepipe – Louies Großmutter –, die als eine gute Mutter, als gute Ehefrau und auch für ihre Hilfsbereitschaft und Arbeitsamkeit bekannt war.

Mrs. Ninepipe besuchte Mary Ann sehr früh an dem ersten Morgen, an dem der Unterricht begann. Sie sagte zunächst ein langes Gebet auf, in dem sie bat, dem Mädchen möge ein langes Leben als gute Frau beschieden sein. Jeder, der Mary Ann kannte, hat den Eindruck, daß dieses Gebet erfüllt wurde. Die Frau gab Mary Ann ihren besonderen Segen, indem sie ihr das Gesicht mit einer Art roter Erde einfärbte, die als heilig gilt. Dann sagte sie: «Du mußt aufpassen und sehen, wie ich lebe. Ich laufe nicht den Männern nach. Ich arbeite hart, um Wurzeln und Beeren zu sammeln und um das Fleisch zuzubereiten, das mein Mann nach Hause bringt. Ich hebe alles auf, was ich bekomme, und verschwende nichts. Ich weiß, daß mein Mann die Familie versorgt und uns schützt, deswegen folge ich seinen Befehlen wie ein Hund seinem Herrn und tue, was er mir aufträgt.»

Die nächsten vier Tage blieb Mary Ann bei Mrs. Ninepipe und hielt sich genau an ihre Anweisungen. In dieser ganzen Zeit mußte sie hart arbeiten und durfte sich kaum ausruhen. Ihre

Mary Ann Combs im Jahr 1930, als sie fünfzig Jahre alt war. Sie und das Pferd tragen perlen- und fransenbesetzte Festkleidung, die vor allem bei Paraden und zu besonderen Anlässen angezogen wurde. Das Lager stand im Gletschernationalpark. (Foto: Good Medicine Foundation)

Eltern schärften ihr ein, sie habe der alten Frau in allem zu gehorchen, wenn sie im späteren Leben deren Tugenden haben wolle. Die Leute um sie herum gehörten zu einem Jagdlager, das aus vier Zelten bestand. Jeden Tag mußte sie ein Bündel Feuerholz zu jedem der Zelte bringen. Wie die Leute früher, trug sie diese Bündel auf ihrem Rücken. Auch das Wasser mußte sie an jedes Zelt bringen. Dazu mußte sie noch sämtliche Küchenarbeit im Zelt ihrer Eltern erledigen, ohne daß ihr jemand dabei half. Sie sagte:

«Die alte Frau sagte mir, sie lasse mich deswegen die ganze Zeit über arbeiten, damit ich nicht anfange zu faulenzen – wenn ich das täte, bekäme ich Schorf und Grind am ganzen Leib, sogar auf dem Gesicht, und ich würde schmutzig und würde nur noch herumliegen wollen. Und da ich große Angst davor hatte, so zu werden, war ich die ganze Zeit auf den Beinen, als ich bei ihr war. Sie lehrte mich, wie man die Bitterwurzeln richtig zubereitet, und schärfte mir ein, dabei immer sehr viel Sorgfalt zu verwenden. Sie sagte mir auch, ich solle aufpassen, niemals Lebensmittel zu vergeuden oder ihnen durch zu langes Kochen die Nährstoffe zu entziehen. Sie zeigte mir, wie man unsere überlieferte Blutsuppe macht, ohne das Blut zu sehr aufzulösen. Sie sagte, wenn ich bei der Zubereitung dieser nahrhaften Suppe nicht achtgäbe, würde das Blut zu Wasser werden.

Brennholz wird nach Hause gebracht. Über Generationen hinweg verrichteten die Flatheadfrauen so diese Arbeit. An der Tipiwand lehnen Pfeil und Bogen. (Foto: Louie Ninepipe)

Sie sagte mir, ich solle meine Füße nicht am Feuer wärmen, sonst würden sie immer größer, wenn ich alt wäre. Stattdessen sollte ich einen Stein anwärmen und ihn unter meine Füße legen. Wie ihr sehen könnt, habe ich kleine Füße. Sie sagte mir auch, wenn ich Läuse hätte, sollte ich eine nehmen, sie mit einer Tannennadel durchbohren und diese Nadel neben dem Feuer in den Boden stecken, um die Laus zu rösten. Auf diese Weise würde ich nie wieder von Läusen belästigt, und so war es auch.

Jeden Morgen mußte ich sehr früh aufstehen und mich im Bach waschen und dabei sehr viel Wasser über meine Haare fließen lassen, damit sie lang und schwer würden (Mary Anns dichtes, weißes Haar hing ihr noch in Zöpfen bis auf die Hüften, als ich sie traf). Ich sollte mich nicht mit warmem Wasser und nicht in einer Wanne waschen. Darum wasche ich mich auch heute noch jeden Morgen an meinem kleinen Bach.»

Mary Ann erhielt auch Aufklärung darüber, wie man Kinder bekam. Sie sollte nie das Fleisch des schwarzen Bären essen, oder ihre Brüste würden keine Milch haben. Sie sollte auch nicht Beeren von einem Busch essen, von denen schon Grizzlybären gegessen hatten, denn sonst würde dem Kind, das sie trug, immer der Speichel aus dem Mund laufen wie einem Bären.

Man nannte ihr verschiedene Möglichkeiten, neugeborenen Babys bestimmte Eigenschaften mitzugeben. Damit ein Baby still und sanft wurde, sollte sie das Herz eines Rebhuhns nehmen, es mit einer bestimmten Art von weißem Ton vermischen, und mit diesem Gemisch die Brust des Kindes immer wieder einreiben. Damit das Kind fleißig, strebsam und später ein guter Jäger würde, sollte sie einen Haufen Ameisen zerstampfen, sie ebenfalls mit dem weißen Lehm mischen und dann damit die Brust des Kindes einreiben. Damit das Kind tapfer würde, sollte man es mit einem Gemisch aus den Herzen von Habichten oder Adlern einreiben; damit es stark würde, sollte die Mischung auch ein Bärenherz enthalten. Wenn es ein guter Kletterer und Wanderer werden sollte, sollte sie das Herz eines Hirsches benutzen. Ihr Mann Louie war als Kind mit einem Gemisch eingerieben wor-

den, das auch das Herz eines Eichhörnchens enthielt, darum war er immer munter und flink.
Mary Ann erzählte, daß sie der alten Frau Ninepipe für den Rest ihres Lebens im Haushalt half, zum Dank für den guten Rat, den sie von ihr in ihrer Jugend erhalten hatte. In ihrem hohen Alter glaubte sie, wenn die jungen Leute von heute so streng erzogen würden, hätten sie mehr Achtung vor dem Leben und würden besser mit sich selbst und mit anderen umgehen.
Wenige Jahre, nachdem Charlo mit seinen Leuten das Tal verlassen hatte, heiratete Mary Ann Louie Combs, einen großen, schlanken jungen Mann mit einem herzlichen und freundlichen Lächeln. Er hatte sein Haar immer in Zöpfe geflochten, die mit buntem Garn umwickelt waren. Wie andere seiner Generation trug er gerne bunte Schals um den Hals und Rehmokassins an den Füßen. Mary Ann machte ihm ein schönes Tanzkleid mit passendem Perlenschmuck und Blumenmustern in schönen Farben. Die beiden waren ein stolzes Paar und ein Symbol für das Fortwirken der kulturellen Überlieferung der Flatheadindianer in der ersten Hälfte des zwanzigsten Jahrhunderts.
In diesem Stamm gab es viele Familien, die wie Mary Ann und ihr Mann die indianische und die europäische Lebensweise glücklich miteinander verbanden. Neben den meisten Tipis standen Blockhütten. Dazu hatte man auch Schuppen, Ställe für Kühe und Hühner und Gemüsegärten. Ein- oder zweimal im Jahr zogen die Familien in die nahegelegenen Berge, wo sie Rehe und Hirsche jagten, Wurzeln und Beeren sammelten und auf Fischfang gingen. In der Kirche sangen sie katholische Kirchenlieder, aber zu Hause und in ihren Berglagern blieben die alten Weisen ihrer Vorfahren lebendig.

Eines Tages bat mich Mary Ann, sie in ihrem Wagen in die Berge zu fahren. Sie nannte mir den Weg nach Osten durch das Tal, in dem sie wohnte. Dort, an den unteren Hängen der Rockies, stand der Zeltplatz, den sie und Louie am liebsten aufgesucht hatten. Noch vor wenigen Sommern war sie regelmäßig dorthin gefahren, um ihr kleines Tipi aufzuschlagen und für einige Tage zu bleiben, für gewöhnlich in Begleitung jüngerer Verwandter. Aber sie muß sich trotzdem einsam gefühlt haben, wenn sie an die vergangenen Zeiten dachte, als sie und Louie jung waren und die Hilfe ihrer zahlreichen Kinder beim täglichen Lagerleben in Anspruch nehmen konnten. Sie sagte, sie seien oft mit mehreren Familien gemeinsam hingefahren. Es klang so, als seien diese Ausflüge Besuche im Paradies gewesen, als seien die «alten Tage» zurückgekehrt. Die Tage und Nächte waren bei diesen Ausflügen ausgefüllt mit Gebeten, Liedern, Tänzen, Geschichten und häufigen Festessen, denn es gab reichlich frisches Fleisch und andere natürliche Kost.

Nachdem wir eine Zeitlang auf einer engen, gewundenen Straße bergauf gefahren waren, kamen wir schließlich zu einer schönen kleinen Wiese an einem Bergbach. Die Lichtung war von Gehölz und hohen Fichten umgeben, über die ein paar Berggipfel ragten. Mary Ann erzählte, daß Louie selten einen der Pfade eingeschlagen hatte, die von dieser Wiese ausgingen, ohne ein erlegtes Wild mitzubringen. Sie vermißte ihn so sehr, daß sie schließlich zu ihrem Wanderstock griff und für über eine Stunde irgendwohin verschwand.

Als sie zurückkam, war die Trauer aus ihrem Gesicht gewichen, und sie machte sich auf die Suche nach einer bestimmten Pflanze, deren Wurzeln sie als Arznei benutzte. Es dauerte eine ganze Weile, bis wir sie gefunden hatten, und als wir endlich auf sie gestoßen waren, kostete sie zunächst ein wenig von ihrer Wurzel, um sicher zu gehen, daß es auch die richtige war. Dann sagte sie ein kleines Gebet und grub gerade soviel Wurzeln aus, wie in ihre Hand paßten. Sie wußte zwar nicht, wann sie wieder hierher zurückkehren würde, sagte aber, sie wolle nicht zuviel Medizin auf einmal mit nach Hause nehmen. Als wir zurückgekehrt waren, beschloß sie, ihr kleines Tipi neben dem Haus aufzuschlagen, damit wir darin wohnen konnten. Es war nicht groß, viel kleiner als diejenigen, die man bei den Stammeslagern benutzte, bot aber doch genügend Raum für eine Familie. Sie hatte es vor

langen Jahren genäht und dabei gekaufte Leinwand und ihre Nähmaschine mit Tretantrieb benutzt.
Mary Ann sagte, zur Zeit ihrer Mutter habe man sieben Büffelhäute gebraucht, um ein einfaches Flatheadtipi herzustellen; sie war allerdings niemals selbst dabeigewesen. Zum letzten Mal überquerten die Jäger des Stammes 1879 die Rockies, um auf Büffeljagd zu gehen, zwei Jahre vor ihrer Geburt. Da die Reise ins Land der Büffel sehr weit und sehr gefährlich war, hatten nicht alle Familien Tipis aus Büffelhäuten. Stattdessen machten manche ihre Tipis aus den Fellen von Elchen und Hirschen. Eine weitere Form des Flatheadtipis bestand aus Matten, die aus dem Schilf geknüpft waren, das in stillen Gewässern und Sümpfen wuchs. Auch noch zu Mary Anns Zeit wurden solche Matten oft unter gegerbten Büffelhäuten auf dem Boden von Tipis benutzt.

Vor langer Zeit lebten die Flatheads in der Jahreszeit, in der sie nicht unterwegs waren, in großen Gemeinschaftszelten. Noch Anfang des neunzehnten Jahrhunderts sahen Besucher solche Gemeinschaftszelte in Gebrauch. Sie hatten eine rechteckige Form und waren etwas in den Boden eingelassen. Da mehrere Familien in einem Zelt lebten, wurde zum Heizen und Kochen für gewöhnlich mehr als ein Feuer benötigt. Manche dieser großen Zelte waren auch ausschließlich zur Benutzung bei Ratsversammlungen, für Tänze oder zur Unterbringung von Gästen angelegt. Ihre Wände bestanden immer aus geflochteten Matten.

Für mich war es ein höchst romantisches Erlebnis, in Mary Anns kleinem Tipi zu sitzen, nachdem ich als Kind so lange vom Indianerleben geträumt hatte. Lange Zeit saß ich nur da und schaute durch die runde Türöffnung des Tipis auf die friedliche Umgebung. Das Tal erstreckte sich vor mir wie ein grüner Teppich, bis es sich im Hintergrund an den Ausläufern der schneebedeckten Berge verlor. In der Nähe weideten mehrere Pferde im hochgewachsenen Gras der Wiese. Als Mary Anns Sohn Abel das nächste Mal zu einem Besuch vorbei kam, bot er mir an, eines der Pferde einzufangen und es zu satteln, damit ich einen Ritt machen konnte. Danach verbrachte ich viele Stunden damit, das Gebiet auf einem Palomino namens Pal zu ergründen, der so zahm war, daß ich auf ihm sogar ins Wasser eines dunklen Waldes hineinritt, der vor kurzem durch einen Biberdamm überschwemmt worden war.

Mary Ann kochte für uns viele typische Flatheadgerichte, obwohl sie auch mit moderneren Rezepten umzugehen verstand. Ihr Lieblingsgericht war Wildbraten, aber zu ihren Spezialitäten gehörte auch eine Gemüsesuppe, in der unter anderem der Sud eines Fisches enthalten war, der so viel Gräten hat, daß die meisten Leute ihn einfach wegwerfen, wenn sie ihn gefangen haben. Sie sagte, zu ihrer Zeit sei die Jagd immer den Männern vorbehalten gewesen, sobald aber das Fleisch zu Hause war, gehörte es den Frauen. Für gewöhnlich mußten sich die Kinder im Lager ruhig verhalten, wenn die Männer unterwegs waren. Aber manchmal war genau das Gegenteil erwünscht. Die Männer gingen auf Schleichwegen in ihr Revier und schickten dann Frauen und Kinder über die gewöhnlichen Pfade, um dort Lärm zu schlagen. Die erschreckten Tiere flüchteten dann auf die wartenden Jäger zu.

Der erste Jäger, der ein Tier erlegte, teilte sein Fleisch mit den übrigen während eines besonderen Festes, das am Ende des Tages abgehalten wurde. Der nächstfolgende Jäger, der eine Beute erlegt hatte, tat dasselbe. Danach begannen die Frauen das Fleisch zum Trocknen in dünne Scheiben zu schneiden. Diese Scheiben ließ man an Pfosten über stark rauchenden Feuern hängen. Nachdem man es so einen oder zwei Tage geräuchert hatte, war das Fleisch trocken genug, um in kleine Stücke zerstoßen zu werden. Mary Ann erzählte, daß jede Frau dafür eine eigene Steinplatte hatte, die am Boden auf ein gegerbtes Fell gelegt wurde. Auf dieser Platte wurde das Fleisch mit einem Steinstößel solange geklopft, bis es in Vorratsbeutel verpackt werden konnte, ohne viel Platz wegzunehmen.

Diese Vorratsbeutel waren oft aus dem oberen Teil von Tipiplanen gemacht, die durch den Rauch der zahlreichen Feuer wasserdicht geworden waren. Weil sie nach Rauch rochen, schützten sie das geklopfte Fleisch auch vor Käfern. Andere solcher Beutel bestanden aus dem Fell junger Rehe und aus Stücken halbgegerbten Leders. Bevor die Leute feste Blockhütten besaßen, bewahrten sie die Vorratsbeutel oft auf Plattformen in den Zweigen hoher Bäume auf.

Ganz in der Nähe des kleinen Tipis floß der Bach, an dem Mary Ann sich wusch. An seinem Ufer stand der Rahmen einer alten Schwitzhütte. Dieser Rahmen bestand aus mehreren Weidenbögen, die am Boden befestigt und so zusammengebunden waren, daß sie aussahen wie ein großer, umgedrehter Korb. Als Mary Ann erfuhr, wie gerne ich etwas von dem Schwitzbadritual erfahren wollte, bat sie ihren Neffen, Pascal Charlo, mir zu zeigen, wie das vor sich ging. Charlo ließ mir ausrichten, ich solle aufpassen, wann vor Sonnenuntergang neben seinem Haus Rauch in die Luft stieg und dann sofort zu ihm kommen.

Das Schwitzbad

Die folgende Legende wurde den Flatheads von ihren westlichen Nachbarn, den Nez Perce, erzählt; darin wird berichtet, wie das Schwitzbadritual entstand.

Vor langer Zeit, in den Tagen der Tiermenschen, war «Schwitzbad» ein «Mann». Er sah das Kommen der Menschen voraus, deshalb rief er eines Tages alle Tiermenschen zusammen, um jedem dieser Wesen einen Namen zu geben und ihm seine Pflichten aufzutragen. In der Versammlung stand «Schwitzbad» auf und hielt eine Rede: «Wir haben lange Zeit auf der Erde gelebt, aber unser Leben wird nicht so bleiben, wie es war. Andere Leute werden kommen und hier leben. Wir müssen uns trennen, jeder geht an einen anderen Ort. Jeder von euch muß sich entscheiden, ob er zu den Tieren gehören will, die gehen, fliegen, kriechen oder schwimmen. Jetzt trefft eure Wahl.»

Dann wandte sich «Schwitzbad» an den Hirsch. «Komm du zuerst her, Hirsch. Was willst du sein?»

«Ich will das sein, was ich bin – ein Hirsch.»

«Dann laß uns sehen, wie du laufen und galoppieren kannst», sagte «Schwitzbad».

Darauf galoppierte der Hirsch in mächtigen Sprüngen davon, um bald zurückzukehren.

«In Ordnung», entschied «Schwitzbad», «du bist ein Hirsch».

«Schwitzbad» rief als nächstes den Adler und fragte ihn: «Was willst du sein, Adler?»

«Ich will das sein, was ich bin – ein Adler.»

«Dann laß uns sehen, wie du fliegst», antwortete «Schwitzbad».

Der Adler flog davon und stieg höher und höher hinauf, ohne daß sich seine ausgebreiteten Flügel auch nur kräuselten.

«Schwitzbad» rief ihn zurück und sagte zu ihm: «Du bist ein Adler. Du wirst König sein über alle Vögel der Lüfte. Du wirst in den Himmel hinauffliegen. Du wirst in den Klüften und auf den Gipfeln der höchsten Berge leben. Die menschlichen Wesen werden dich bewundern.»

Glücklich über diese Entscheidung flog der Adler davon. Alle sahen ihm nach, als er am Himmel verschwand.

«Ich will sein wie der Adler», sagte der Eichelhäher zu «Schwitzbad».

Weil er jedem die freie Wahl lassen wollte, sagte «Schwitzbad» wiederum:

«Laß uns sehen, wie du fliegst.»

Der Eichelhäher schwang sich in die Luft und versuchte dabei, so leicht und elegant zu fliegen wie der Adler. Aber bald verlor er das Gleichgewicht und flatterte mit den Flügeln.

Als er diese Ungeschicklichkeit sah, rief «Schwitzbad» den Eichelhäher zurück und sagte: «Ein Eichelhäher bleibt ein Eichelhäher. Du mußt dich mit dem zufriedengeben, was du bist.»

Als der Bär vortrat, sagte «Schwitzbad» zu ihm: «Du wirst bei den menschlichen Wesen als ein sehr wildes Tier bekannt sein. Du wirst Menschen töten und auffressen, und sie werden dich fürchten.»

Der Bär ging in die Wälder und ist seither als ein wildes Tier bekannt.

Dann gab «Schwitzbad» allen vierfüßigen Tieren außer dem Kojoten, allen fliegenden Geschöpfen, allen Vögeln, allen Schlangen und Fröschen, allen Kröten und Fischen ihren Namen, und die Geschöpfe zerstreuten sich in alle Winde.

Danach rief «Schwitzbad» den Kojoten zu sich und sagte: «Du warst weise und listig. Du warst ein gefährliches Wesen. Diese Erde wird werden wie die Luft – öde und leer – dein Name aber wird alles überdauern. Die neuen menschlichen Wesen, die kommen werden, werden deinen Namen hören und sagen: ‹Ja, der Kojote, er war groß zu seiner Zeit.› Was willst du sein?»

«Ich habe lange genug als Kojote gelebt», antwortete dieser, «ich möchte so edel sein wie der Hirsch, wie der Adler oder wie der Puma.»

Darauf ließ «Schwitzbad» ihn zeigen, was er konnte. Zuerst versuchte der Kojote sein bestes, um zu fliegen wie der Adler, konnte aber nur hin und her springen. Der arme Kerl konnte nicht fliegen. Dann versuchte er den mächtigen Galopp des Elches nachzuahmen. Eine kurze Strecke lang gelang es ihm, aber dann fiel er in seinen eigenen Gang zurück. Darum machte er bald Halt und schaute sich um.

«Kojote, du siehst genau aus wie du selbst», lachte «Schwitzbad». «Du wirst ein Kojote sein.»

Heulend rannte der arme Kojote davon, um sich irgendwo zu verstecken. Bevor er außer Sicht war, hielt er an, wandte seinen Kopf und stand da – genau wie ein Kojote.

Schließlich war «Schwitzbad» allein und sprach zu sich selbst: «Jetzt sind sie alle weg, bald kommen die neuen Leute. Bei ihrer Ankunft sollten sie etwas vorfinden, das ihnen Kraft und Stärke verleiht.

Ich will mich auf den Boden legen, zum Nutzen der menschlichen Wesen, die jetzt kommen werden. Jedem, der mich hin und wieder besucht, will ich Stärke verleihen. Er wird groß sein in Krieg und Frieden. Er wird Glück haben beim Fischen und Jagen. Alle, die bei mir Schutz suchen, werden Macht und Stärke erhalten.»

«Schwitzbad» hatte in großem Ernst gesprochen. Dann legte er sich auf seine Hände und seine Knie und wartete, bis die ersten Menschen kamen. Seither liegt er so da und gibt allen Kraft, die sie bei ihm suchen.

Zwei Schwitzhütten mit ihren Rahmen und ihrer typischen Stoffbespannung. Die in einem Feuer im Vordergrund erhitzten Steine werden mit Hilfe einer Astgabel in das Innere der Kammer geschafft. Dann gießt man kaltes Wasser über die Steine, damit Dampf entsteht. (Foto: Adolf Hungry Wolf)

Bis zum heutigen Tag bildet das Schwitzbad für viele Indianer und auch für Nichtindianer ein wichtiges Reinigungs- und Heilungsritual. Es ist mit der europäischen Sauna verwandt. Um euch zu beschreiben, wie es funktioniert, will ich die Geschichte meines ersten Schwitzbades erzählen.

Ich hielt eifrig Ausschau nach einem Rauchzeichen von Pascals Haus. Schließlich stieg zwischen mehreren hohen Pappeln, die über die grünen Felder leicht zu sehen waren, eine kleine Rauchspirale auf. Mary Ann sagte mir, ich solle in ihrem Auto hinfahren, da es sich auf den engen schmutzigen Straßen besser fahren ließ als mein großer Campingwagen.

Als ich bei Pascals Haus ankam, wurde ich von einem alten, gehbehinderten Mann namens Patrice Lumprey begrüßt, der in der Nähe in einer kleinen Hütte lebte. Er trug langes Haar und gehörte wie Louie und Mary Ann zu den ganz alten Flatheads. Ich dachte zunächst, er würde mich zum Schwitzbad begleiten, aber als ich ihn fragte, sagte er, er sei «zu alt».

Ich folgte einem Fußweg, der in ein kleines Wäldchen hinabführte, in dessen Schutz ein Feuer brannte. Pascal begrüßte mich mit einem Lächeln, während er am Feuer die Steine für die Schwitzhütte erhitzte. Er sagte, er brauche keine Hilfe, darum setzte ich mich in der Nähe des Bächleins auf eine Bank und sah ihm zu.

Bald kam ein anderer alter Flatheadindianer mit Zöpfen den Fußweg hinunter, lächelte zur Begrüßung und setzte sich neben mich auf die Bank. Es war Pascals Onkel Jerome Vanderburg, der genauso alt war wie Patrice Lumprey, sich aber noch jung genug fühlte, um an dem «Schwitzen», wie das Ritual gewöhnlich genannt wird, teilzunehmen. Wortlos begann er sich auszuziehen und löste dann seine Zöpfe. Ich war überrascht, daß sein Haar noch so glänzend schwarz war, als sei er ein junger Mann. Es war aber sehr dünn, und sein Körper war sehr mager, obwohl er sich beim Gehen und Sitzen immer gerade hielt.

Wir sahen zu, wie Pascal eine Schaufel benutzte, um die glühend heißen Steine aus dem Feuer zu nehmen und sie in die Schwitzhütte zu tragen, in der er sie in eine Grube legte. Das Dach der Hütte wurde mit einer dicken Schicht von Lumpen, alten Dekken und Teppichen geschlossen. Als wir hineinkrochen, lagen weitere Decken auf dem Boden.

Die Abdeckungen waren so dick, daß der kleine Haufen erhitzter Steine sogar bei offener Tür das Innere sehr schnell aufheizte. Als die Tür geschlossen wurde, wurde die Luft so heiß, daß ich dachte, meine Haut würde anfangen zu brennen. In der roten Glut der Steine konnte ich die beiden anderen Männer deutlich erkennen.

Schließlich schüttete Pascal aus einem kleinen Eimer etwas Wasser auf die Steine. Sofort begann es in unserer kleinen Kammer zu prasseln wie entferntes Gewehrfeuer, und wir waren von heißer, schwüler Luft ganz eingehüllt. Der Dampf wurde so dicht, daß ich dachte, ich müsse ersticken. Die beiden anderen waren von Kindesbeinen an an dieses Ritual gewöhnt, aber ich begann mich zu fragen, ob ich es überleben würde. Als Pascal

noch mehr Wasser auf die Steine schüttete, hoben sie abwechselnd hervor, wie gut ihnen das Schwitzen tat.
Wir machten zweimal eine Pause und gingen nach draußen, um frische Luft zu schnappen, die ich sehr nötig hatte. Nach dem letzten, sehr langen Durchgang gingen wir einzeln nach draußen, um ganze Eimer kalten Gebirgswassers über unsere Köpfe zu schütten. Ich war als erster draußen und wäre fast in Ohnmacht gefallen, als ich wieder mit der kühlen Abendluft in Berührung kam. Ich wusch mich, trocknete mich ab und zog mich an, bevor ich wieder wußte, wo ich eigentlich war. Ich fühlte mich sehr erfrischt und hungrig, als hätte ich eine ganze Nacht gut durchgeschlafen.
Am nächsten Morgen stand ich früh auf und ritt auf dem Palomino aus. Ich wollte die Biber beobachten, die in den nahegelegenen Wäldern an ihrem Damm arbeiteten. Ich hoffte, das Geräusch des Pferdes würde sie irreführen, so daß sie mein Kommen nicht bemerkten. Aber als ich mich dem Damm näherte, vereitelte lauter Motorenlärm meine Pläne, und darum hielt ich an, um herauszufinden, wer in diesem unwegsamen Gelände Auto fuhr. Bald sah ich auch die Überreste eines alten Wagens, der über einen Pfad ruckelte, der meist nur von Kühen und Pferden benutzt wurde. Das Gefährt hatte einen Rahmen, vier Räder und einen Motor, von der Karosserie waren aber nur noch wenige Teile übriggeblieben. Darin – oder zumindest auf den offenen Sitzen – saßen drei indianische Jäger, zwei junge Männer und deren alter Vater Jerome. Dieser trug ein dickes Wollhemd, und seine Zöpfe waren mit dem üblichen bunten Garn umwickelt. In seinen Händen hielt er eine alte Büchse. Als das Fahrzeug mich einholte, lächelte er und deutete auf ein totes Reh, das hinter ihm an einer Eisenstange festgebunden war. Wir redeten eine Weile miteinander, und er lud mich für den Abend zu einem Rehbraten zu sich nach Hause ein. Als sie weiterfuhren, saß ich noch immer still auf meinem Pferd und wunderte mich über dieses neue Beispiel, wie sich die alte und die neue Welt verbinden ließen.

Später lernte ich Jerome und seine hübsche Frau Agnes als kundige und treue Anhänger des Lebens in der freien Natur kennen. Sie hatten ein sehr modernes und bequemes Zuhause, das ganz in der Nähe der Hauptstraße lag. Trotzdem traf ich sie fast immer nur im Freien an. Wenn ich zu einem gelegentlichen Besuch bei ihnen vorbeikam, sagten mir ihre erwachsenen Kinder oft, sie seien gerade in den Bergen, um «ein wenig zu zelten, zu jagen und zu fischen». Auch der Grund um ihr Haus sah wie ein alter Lagerplatz aus, mit einem Bach, Tipipfosten und Rahmen, um Fleisch zu trocknen und Felle zu gerben.

Jerome war noch im Bitterroot Valley geboren worden, aber Agnes war dafür zu jung. Aber gerade bei ihr suchten viele junge Flatheads Belehrung, nachdem das Interesse an der eigenen Kultur wieder erwacht war. Die folgende Liste über den Gebrauch wildwachsender Pflanzen gibt ein Beispiel für ihr überliefertes Wissen.

Einige nützliche Wildpflanzen von Jerome und Agnes Vanderburg

Die am häufigsten verwendeten Wildpflanzen im Leben der Flatheads waren Wurzeln und Beeren. Diese beiden Gewächse reifen zu verschiedenen Zeiten der Vegetationsperiode, darum hatten die Leute viel Zeit, sie zu sammeln und zur Aufbewahrung oder zum Verzehr vorzubereiten.

Die meisten wilden Wurzeln wurden im Mai oder im Juni ausgegraben, bevor die Pflanzen reif waren. Zu diesem Zeitpunkt waren die Wurzeln noch ziemlich weich und saftig. Zu den wichtigsten gehörten Camas und Bitterwurzeln. Beide wurden in großen Mengen frisch gegessen, aber auch getrocknet, um als Vorrat oder zum Tauschhandel zu dienen.

Die ersten eßbaren Wurzeln, die man in jedem Frühling ausgrub, waren die sogenannten «Indianerkartoffeln» (auf lateinisch Claytonia lanceolata). Ihre Blütezeit beginnt Mitte April, wenn die

Wurzeln eßbar sind. Sie werden gewaschen, gekocht und ungeschält verzehrt.

Die Bitterwurzeln (Lewisia rediviva) wurden ausgegraben, sobald sich ihre Blütenknospen über der Erde zeigten. Das war im allgemeinen Mitte Mai. Wenn man die Pflanzen ausgrub, wurden ihre Triebe abgerissen und weggeworfen. Die übrigbleibenden Wurzeln wurden dann in einen Behälter getan. Am Ende des Tages wurden die Wurzeln geschält und gewaschen. Der größte Teil der Ernte wurde auf ein sauberes Tuch gelegt und in der Sonne getrocknet. Wenn sie getrocknet waren, ließen sich die Wurzeln lange Zeit in Beuteln aufbewahren.

Frische Bitterwurzeln wurden für gewöhnlich in wenig Wasser in einem Kessel gedünstet. Auf den Boden des Kessels wurde ein Geflecht aus Stöckchen gelegt, damit die Wurzeln über dem Wasser lagen. Ihr Name beschreibt ihren Geschmack; man braucht einige Zeit, um sich daran zu gewöhnen. Wenn sie aber lange genug gedünstet worden sind und man sie unter andere Wildpflanzen mischt und zu Fleisch serviert, ergeben sie eine sehr nahrhafte Zutat. In getrocknetem Zustand werden die Bitterwurzeln im allgemeinen mit sehr viel Zucker in Wasser gekocht und oft mit wilden Beeren gemischt, damit sich ein besserer Geschmack ergibt.

Früher begaben sich die Flatheads erst dann auf die Suche nach den Bitterwurzeln, wenn die Bitterwurzelzeremonie abgehalten worden war. Diese Zeremonie dauerte zwei Tage und begann damit, daß zwei oder drei eigens bestimmte Frauen hinausgingen und eine bestimmte Menge dieser Wurzeln ausgruben, wobei sie beteten, daß jeder eine reiche Ernte haben möge. Dann wurden ihre Wurzeln zum Essen zubereitet, und jede Familie des Stammes erhielt eine kleine Portion. Jeder aß sein erstes Stück der Wurzel und bat dabei um eine gute Ernte:

«Oh Sonne ... oh Erde ... nun essen wir diese ersten Bitterwurzeln. Wir bitten, daß uns kein Unglück zustoßen möge, wenn wir diese Wurzel ausgraben und sie essen. Wir bitten, daß diese Wurzel uns nährt und uns gesund erhält, durch eure Macht.»

Jerome und Agnes Vanderburg, zwei Flatheadindianer, die ein einfaches Leben führten, in dem sie die Vorzüge ihrer Stammesüberlieferung mit denen der modernen Zivilisation glücklich verbanden. (Foto: Adolf Hungry Wolf)

Eine weitere wichtige Pflanze, die die Flatheads sammelten, war Cous oder Wüstenpetersilie (Lomatium cous). Sie wurde ausgegraben, wenn ihre Blütezeit gerade vorbei war. Die geschälten Wurzeln wurden roh oder gekocht gegessen und auch in Form kleiner runder Kuchen getrocknet, die sich leicht aufbewahren ließen. Die Leute mochten diese Wurzel so gern, daß sie oft zu den benachbarten Nez Perce gingen, in deren Land sie sehr viel reichlicher wuchs, und sich ganze Säcke davon im Tausch gegen Felle und andere Dinge holten.

Außer ihren «indianischen Kartoffeln» hatten die Flatheads auch wilde Karotten (Perideridia gairdneri), die für sie eine weitere wichtige Wurzelart waren. Sie wurden im Hochsommer gesammelt und roh oder gekocht verzehrt. Die meisten gekochten Wurzeln wurden mit einem steinernen Hammer und einem Stößel zerstampft und zur Aufbewahrung zu kleinen runden Kuchen geformt.

Die letzte wichtige Wurzel, die die Flatheads jedes Jahr ausgruben, war Camas (Camassia quamash). Sie kam in feuchten Gebieten am Rand von Sümpfen und Seen vor. Sie wurde Anfang August gesammelt, nachdem die Blüten der Pflanze abgefallen waren und sich in den Schoten Samen gebildet hatte. Die Leute mochten die großen Camasknollen, die im Bitterroot Valley wuchsen, wo ihr Lager war, hatten aber die kleineren Wurzeln, die an einem Ort namens Camas Prairie wuchsen, noch wesentlich lieber, weil sie sehr süß waren. Bevor der Zucker bekannt war, diente Camas getrocknet und gemahlen als Süßstoff.

Frischer Camas wurde manchmal gekocht, aber zumeist in einer Grube im Freien gebacken. Er wurde von vielen verschiedenen Stämmen gesammelt, aber alle benutzten sie die eine oder andere Form dieser typischen Flatheadmethode.

Eine Grube von vier mal sechs Fuß wurde ungefähr zwei Fuß tief ausgehoben und mit Brennholz angefüllt. Über das Holz legte man eine Schicht kleiner Steine wie zu einem Schwitzbad. Das Holz wurde dann verbrannt, bis nur mehr Kohle übrigblieb. Die Steine waren dann rotglühend geworden. Sie wurden dann mit einer Schicht von grünem Holz bedeckt, über die eine weitere Schicht von frischen Ästen und Blättern und als letztes eine Schicht Sumpfgras kam. Zu oberst legte man dann eine Menge geschälter Camas. Die Camas wiederum wurden mit einer feuchten Schicht schwarzer Baumflechten, mit Sumpfgras und Blättern bedeckt. Die ganze Grube war mittlerweile am Dampfen. Wenn dieser Dampf ausblieb, wurde ein wenig Wasser über die Blätter geschüttet. Zuletzt wurde die Erde, die beim Graben angefallen war, über das Ganze geschüttet. Die Grube blieb dann ungefähr drei Tage und Nächte geschlossen. Jeden Morgen wurde ein Feuer auf ihr angezündet und den ganzen Tag über unterhalten.

Wenn man sie dann aus der Grube holte, waren die Camas durchgebacken und fertig für den Verzehr. Früher wurden die meisten Wurzeln zerstampft, zu runden Kuchen geformt und zur Aufbewahrung in der Sonne getrocknet. Manchmal wurden die Camas auch nach dem Backen nicht zerstampft, sondern als ganze getrocknet. Jerome und Agnes benutzten an Stelle der steinernen Stößel einen Fleischwolf, um ihre gebackenen Camas zu mahlen. Manchmal wurden diese gemahlenen Wurzeln auch gekocht, und dadurch erhielt man ein süß schmeckendes Getränk. Wenn man dann noch Mehl hinzufügte, ergab sich ein süßer Brei.

Einige Flatheads sammeln immer noch jedes Jahr wilde Wurzeln, und bis vor wenigen Jahren wurde noch jedes Jahr die Bitterwurzelzeremonie abgehalten. Aber die Anlage von Gemüsegärten hat die Suche nach diesen Pflanzen überflüssig gemacht. Nur das Sammeln wilder Beeren ist immer noch sehr beliebt, zum Teil deswegen, weil die Arbeit leichter ist und die Beeren süßer schmecken. Die Beeren wurden meist von Frauen und Kindern gepflückt. Manche Arten pflückte man einzeln, andere wurden von den Büschen in darunter ausgebreitete Felle geschüttelt. Die Sammler hatten Körbe, die aus der Rinde von Zedern oder jungen Tannen bestanden. Später wurden Metalleimer beliebt.

Ein Stück Rinde, aus dem man die typischen alten Körbe macht, ist ungefähr einen Meter lang und 30 Zentimeter breit. Dieses Stück wird der Länge nach zusammengefaltet. Zu beiden Seiten der Falte wird ein Schlitz angebracht; die Falte bildet den Boden des Korbs. Wo die Seiten aufeinandertreffen, überlappt sich die Rinde ein wenig. Diese überlappenden Säume werden mit Zweiglein zusammengehalten oder mit Weidenrinde zusammengenäht. Eine kreisförmig gebogene Weidengerte wird in die Öffnung eingenäht, damit der Korb seine zylindrische Form erhält, der sich nach unten zu einem rechteckigen Boden verjüngt. Die Innenseiten der Säume werden mit Fichtenharz eingeschmiert, um sie wasserdicht zu machen.

Die Lieblingsbeeren der Flatheads und vieler anderer Indianerstämme sind die Saskatoons (Amelanchier alnefolia), die ein wenig den Heidelbeeren ähneln. Jeden Hochsommer werden sie in großen Mengen gesammelt und auf Häuten oder Zeltbahnen zum Trocknen ausgelegt. Oft wurde wilde Minze über die trocknenden Früchte ausgestreut, um die Fliegen fernzuhalten.

Die getrockneten Beeren ließen sich mehrere Jahre aufheben. Man aß sie auf verschiedene Arten, unter anderem auch ohne Zugabe in getrocknetem Zustand, als wären es Rosinen. Oft wurden sie aber auch eingeweicht, dann zusammen mit Wurzeln gekocht und ergaben so eine köstliche und nahrhafte Suppe. In jüngerer Zeit fügt man Mehl und Zucker hinzu, um die Suppe noch dicker und süßer zu machen.

In der alten Zeit tranken die Flatheads im wesentlichen nur Wasser und manchmal auch Tee, den sie aus wilder Minze oder anderen Kräutern herstellten. Viele gewannen Geschmack an europäischen Getränken wie Kaffee und Alkohol, nachdem die Händler sie eingeführt hatten. Auch Tabak kam mit den Händlern. Zuvor hatten die Flatheads verschiedene Mischungen wilder Blätter und Baumrinden in ihren Pfeifen benutzt, allerdings hauptsächlich anläßlich bestimmter Zeremonien.

Der Alltag in einem traditionellen Flatheadlager

Der folgende Bericht stammt von Jerome Vanderburgs Vater Victor, der zu der Zeit aufwuchs, als die Flatheads noch auf Büffeljagd gingen. Dessen Vater Louis Vanderburg wurde hundertundvier Jahre alt. Er war einer der Flatheadhäuptlinge, die 1855 den ersten Vertrag mit der Regierung unterzeichneten. Louis Vanderburg war besser bekannt unter seinem indianischen Namen «Ferner Grizzlybär». Man sagt, daß er den Missionaren zuliebe den Namen Vanderburg angenommen hatte, und, um einen der ersten Siedler in Bitterroot Valley zu ehren, der diesen Namen trug und sein guter Freund wurde. Louis erzog seinen Sohn Victor streng nach den Gebräuchen der Flatheads und erlaubte ihm nicht, die katholische Missionsschule zu besuchen. Victor beschreibt den Alltag in einem Lager aus dieser Zeit folgendermaßen:

Im allgemeinen wurde das Lager vor Tageseinbruch von dem

Ausrufer des Häuptlings geweckt. Nachdem sie aufgestanden waren, gingen die meisten Leute sofort zum Fluß, um ihr Morgenbad zu nehmen. Die jungen Männer wurden losgeschickt, um die Pferde loszumachen, die zur Sicherheit in der Nähe der Zelte angebunden waren, um sie jetzt aus dem Lager zu führen, damit sie grasen konnten. Auch die Kinder ließ man im Fluß baden. Wenn sie zurückkamen, hüllte man sie in Decken, bis ihnen warm wurde, erlaubte ihnen aber nicht, sich neben das Feuer zu setzen.

Gefrühstückt wurde sehr früh, oft noch vor Sonnenaufgang. Die Mädchen mußten Feuerholz holen und danach ihren Müttern bei der Zubereitung des Essens helfen. Die Mahlzeit bestand im allgemeinen aus getrocknetem Fleisch, Camas, Bitterwurzeln und Beeren. Wenn frisches Fleisch vorhanden war, wurde es im allgemeinen gekocht. Dazu grub man ein Loch in den Boden und breitete ein Stück Büffelhaut darüber. Diese wurde dann mit Wasser und frischem Fleisch gefüllt. Glühend heiße Steine wurden ins Wasser gelegt, und wenn sie abgekühlt waren, durch neue ersetzt. Auf diese Weise war das Fleisch schnell gar. Die Leute aßen das Fleisch und tranken dann die Brühe. Heißes Essen wurde in Schalen serviert, die aus Holz oder aus den Hörnern von Büffeln und Bergziegen gemacht waren. Manchmal servierte man auch nur auf grünen Blättern oder auf Gras. Nach der Mahlzeit wurde das Innere des Zeltes gesäubert und von den Mädchen der Familie mit einem Besen aus Zweigen ausgefegt.

Die Leute lagerten immer in einem Kreis, in der Anordnung, die der Häuptling bestimmt hatte. In seiner nächsten Nähe zelteten seine Verwandten. Die Zwischenräume zwischen den Zelten wurden eingezäunt, so daß die Pferde nachts den Kreis des Lagers nicht verlassen konnten. Wenn andere Stämme neben den Flatheads lagerten, richteten sich diese im allgemeinen nach ihren eigenen Sitten. Victor erzählte, daß sie ihre Zelte aufbauten, wo sie wollten, innerhalb und außerhalb des kreisförmigen Flatheadlagers. Oft stießen Angehörige von Nachbarstämmen zu den Flatheads, wenn diese über die Berge zur Büffeljagd zogen. Bei diesen Gelegenheiten bildeten sie zu ihrem eigenen Schutz mit den Flatheads einen einzigen Stamm, im allgemeinen unter der Anführung des Flatheadhäuptlings. Bevor das Lager abgebrochen wurde oder eine wichtige Entscheidung fiel, hielt der Oberhäuptling immer mit den Unterhäuptlingen Rat. Die Befehle wurden dann dem Volk durch den Ausrufer verkündet. Der Häuptling hatte eine besondere, große Pfeife, die zu Beginn jeder Ratsversammlung geraucht wurde. Er stopfte sie selbst, zündete sie an und gab sie nach seiner Linken weiter. Die Männer saßen nach ihrer Rangfolge in der Nähe des Häuptlings. Wenn Oberhäuptlinge anderer Stämme anwesend waren, saßen sie immer in der Nähe des Anführers der Flatheads. Nach der Pfeife wurde eine Tasse aus Büffelhorn herumgereicht, aus der jeder der Rauchenden einen Schluck Wasser nahm.

Nach dem Frühstück begannen die Frauen mit ihrer täglichen Hausarbeit. Diese bestand zum Beispiel in der Zubereitung des Fleisches, das zu trocknen war, im Abschaben und Gerben von Fellen, im Klopfen des getrockneten Fleisches, das zum Kochen vorzubereiten war. Dazwischen gab es immer solche Dinge wie Mokassins, Kleidungsstücke oder Tipiplanen, die zu nähen oder zu stopfen waren.

Wenn die Familie ein Baby hatte, wurde es vor dem Frühstück aus seiner Wiege aus Büffelhaut genommen und auf ein Fell gelegt, damit es eine Weile Arme und Beine bewegen konnte. Dann wurde es gewaschen und den Tag über in die Kindertrage gelegt. Anstatt einer Windel wurde Moos auf den Boden der Trage getan. Wenn das Baby wach war, blieb ein jüngeres Mädchen der Familie ständig bei ihm. Wenn es schlief, wurde die Trage an einen der Tipipfosten gelehnt oder an den Ast eines Baumes gehängt, so daß sie im Wind hin und her schaukelte.

Die Jungen der Familie holten in Rohhautschläuchen Wasser vom Fluß. Die Mädchen brachten genügend Holz, um das Feuer bis zum späten Nachmittag zu unterhalten, und gingen dann noch einmal, um den Vorrat für die Nacht zu holen. Wenn dann nichts mehr zu tun war, durften die Kinder spielen gehen.

Im Winter verbrachten die Männer die meiste Zeit im Lager, kümmerten sich um ihre Pferde, reparierten ihre Waffen und Werkzeuge oder saßen zusammen, um zu reden und zu rauchen. Dabei beschäftigten sich manche damit, Horntassen und Löffel, Seile aus Haaren, Köcher und andere Dinge zu verfertigen. Wenn jemand während des Tages hungrig wurde, dann griff er zu dem Vorrat von getrocknetem Fleisch oder aß Beeren.

Vor Sonnenuntergang wurde zu Abend gegessen. Das Abendessen wurde genauso zubereitet wie das Frühstück. Die gewöhnlichen Küchentechniken waren Kochen, Braten und Grillen. Die einfachste Art des Bratens bestand darin, daß man ein Stück Fleisch auf eine Stange steckte, die neben das Feuer in den Boden gerammt wurde, bis das Fleisch gar war. Wenn man eine größere Anzahl von Menschen zu versorgen hatte, wurde eine kompliziertere Methode benutzt. Man verwendete dann einen solchen Erdofen, wie er auch zum Backen der Camaswurzeln verwendet wurde. Das Fleisch ließ man einen ganzen Tag darin braten, bis es gar war.

Nach der Mahlzeit säuberten sich die Flatheads die Hände, indem sie sie an ihrem Haar abstreiften; dies war die Sitte der meisten büffeljagenden Stämme. Ihre Hände wuschen sie sich nur, wenn sie Fisch gegessen hatten. Diese Gewohnheit war derjenigen ihrer westlichen Nachbarn genau entgegengesetzt, für die Fisch das Hauptnahrungsmittel war. Diese Stämme wuschen sich die Hände, wenn sie Fleisch gegessen hatten, streiften sie aber an den Haaren ab, wenn sie Fisch gegessen hatten. In beiden Fällen betrachtete man das Fett als ein Wachstumsmittel für das Haar.

In früheren Zeiten wurde Feuer mit Hilfe von Holzstäben gemacht. Die Spitze eines solchen Stabes wurde in ein Stück angefaultes Holz gesteckt und zwischen den Händen hin und her gedreht. Im allgemeinen wechselten sich mehrere Leute dabei ab, bevor der Zunder unter der Spitze des Bohrers Feuer fing. Nachts wurde die Glut des Lagerfeuers mit Asche zugedeckt, damit sie am Morgen noch schwelte. Wenn die Glut trotzdem erloschen war, wurde von einem anderen Zelt glühende Holzkohle gebracht.

Die wichtigste Beschäftigung der Flatheadmänner bestand in der Jagd. Im Sommer und im Herbst, wenn die Leute meist in der Prärie lagerten, jagten sie fast jeden Tag. Im allgemeinen jagte man gemeinsam, damit niemand voranging und die Herden erschreckte und jeder einzelne zu einer Beute kam.

Die Jägergruppen wurden im allgemeinen von einem Jagdhäuptling angeführt, der wegen seines Geschicks als Jäger von den Männern gewählt wurde. Dieser Häuptling sandte Pfadfinder aus, um eine Büffelherde ausfindig zu machen. Diesen Pfadfindern folgten die Jäger auf ihren Packpferden, wobei sie die eigens zur Jagd bestimmten Pferde am Zügel führten. Der Oberhäuptling blieb im allgemeinen im Lager, um die Zurückgebliebenen zu schützen. Bei ihm blieben zehn «Polizisten», die er aufgrund ihrer besonderen Tapferkeit und Verläßlichkeit ausgewählt hatte. Diese Männer hielten im Lager Ordnung, während die anderen auf der Jagd waren; sie hinderten die Zurückgebliebenen, das Lager zu verlassen und dadurch die Büffel zu erschrecken oder Feinde auf sich aufmerksam zu machen. Im Falle eines Angriffs mußten sie das Lager verteidigen. Die Freunde und Verwandten des Oberhäuptlings und seiner Männer brachten ihnen ihren Anteil an Fleisch und Fellen mit.

Wenn die Pfadfinder eine Büffelherde entdeckten, bestiegen die Jäger ihre schnellen Jagdpferde. Die wichtigsten Waffen waren Pfeil und Bogen, weil diese damals schneller abgeschossen werden konnten als Gewehre. Der Jagdhäuptling ritt im Zickzack vor den ausschwärmenden Jägern, damit niemand vorpreschen konnte und die Büffel erschreckte. Hinter den Jägern ritten

Witwen und arme Leute, die mitkamen, um auch eine Portion zu ergattern, die aus Großzügigkeit von Verwandten oder anderen gespendet wurde.

Jeweils ein Jäger preschte auf die Büffelherde zu und näherte sich einem der Tiere, bis er sich genau rechts von ihm befand. Wenn man die Wahl hatte, erlegte man am liebsten fette Büffelkühe. Ihr Fleisch war zarter, und ihre Häute ließen sich besser gerben als die der Bullen. Wenn möglich schoß jeder Jäger mindestens zwei Tiere, bevor er die Jagd aufgab. Außergewöhnliche Jäger erlegten drei oder vier. Sie versuchten dabei, die Büffel möglichst nahe beisammen zu halten, damit die Jäger sich im Fall eines feindlichen Angriffs schnell sammeln konnten.

Jeder Jäger häutete und zerlegte die Tiere, die er geschossen hatte. Zunächst zog er mit seinem Messer die Haut ab. Dann entfernte er die Unterschenkel. Zu Hause wurden diese aufgebrochen und gekocht, um an das kostbare Mark zu gelangen, das sie enthielten. Dann entfernten die Jäger zwei lange Sehnen, die über das Rückgrat verlaufen. Diese wurden getrocknet und zu einem sehr stabilen Faden verarbeitet, der zum Nähen benutzt wurde. Dann schnitt man aus beiden Seiten des Höckers jeweils einen großen Fleischbatzen, der zu Hause noch am gleichen Tag

geröstet wurde. Schließlich nahm der Jäger die Zunge und das Herz heraus, das er nicht von den Eingeweiden trennte. Den Rest zerschnitt er in vier Teile und weidete ihn aus.
Victor Vanderburg erzählte, daß ein gutes Packpferd die ganze Ausbeute, die ein Flatheadjäger bei einem typischen Büffel machte, ins Lager zurücktransportieren konnte. Durch Löcher in jedem der zerlegten Viertel wurden Lederriemen gezogen. Diese wurden dann paarweise um den Rücken des Packpferdes geschlungen. Längliche Fleischstücke vom Rücken und vom Bauch des erlegten Tieres wurden über die Viertel gelegt und die noch nasse, schwere Haut auf den ganzen Packen geworfen.
Solange der Jäger noch im Feld war, konnte er einen Teil oder alles von seiner Beute an Witwen und arme Leute verschenken. Wenn sie einen Teil erhielten, zerlegten sie ihn selber. Aber sobald er zu Hause angelangt war und das Fleisch seiner Frau gegeben hatte, konnte er nicht mehr darüber verfügen.
Nachdem die Jäger aus den Büffelebenen nach Bitterroot Valley zurückgekehrt waren, gingen sie regelmäßig in die Wälder und Berge, um Hirsche und Rehe zu jagen, sobald ihre Familien frisches Fleisch brauchten. Zu dieser Jagd konnten sie allein oder gemeinsam mit anderen ausziehen. Victor ging gerne allein und benutzte eine Methode, die er von seinem Großvater erlernt hatte. Er kannte eine Stelle ganz in der Nähe eines Flusses, wo ein Mineralsalzvorkommen offen zu Tage lag. Die Stelle war zu ungeschützt, um dort zu jagen, aber er legte sich in ein nahegelegenes Gehölz auf die Lauer und wartete, bis Tiere kamen, um zu beobachten, welchen Weg sie einschlugen. Normalerweise kamen sie, wenn sie etwas gefressen hatten und bevor sie sich zum Schlafen zurückzogen. Wenn er sah, daß sie in den dichten Busch gingen, dann wußte er, daß sie sich dort ausruhen würden. Er zog dann seine Kleider aus und schlich sich gegen den Wind an sie heran; den größten Teil der Strecke legte er auf allen Vieren zurück, bis er in Schußweite war. Eines der Tiere erlegte er im Schlaf, die anderen, wenn sie aufgeschreckt die Flucht ergriffen.
Im Herbst benutzte Victor eine andere Methode, um sich dem

Wild zu nähern. Er machte sich eine Pfeife aus dem Stamm des Pastinak, einer weitverbreiteten Wildpflanze. Er schnitt den Stiel so ab, daß das geschlossene Ende auch ein Ende der Pfeife bildete. Das offene Ende schnitzte er zu einer Spitze und steckte ein Schilfrohr hinein. Indem er richtig hineinblies und dabei seine Zunge auf und ab bewegte, konnte er Balztöne erzeugen, die Hirsche und Rehe anlockten.

Er erzählte, daß er Hirsche genauso zerlegte wie Büffel. Das von den Knochen getrennte Fleisch legte er auf den Boden und deckte es mit dem Fell des Tieres zu. Danach ging er zum Lager zurück, um ein Packpferd zu holen. Auf den Fleischhaufen legte er das Futteral seines Gewehres oder irgendetwas anderes, das seinen Geruch trug, um wilde Tiere, insbesondere Bären und Wölfe, zu verscheuchen.

Als Junge fing Victor mit Fallen viele Vögel, wie zum Beispiel Moorhühner und Präriehühner. Erwachsene Männer taten das nur in Notfällen, ermunterten aber die kleinen Jungen dazu, damit sie auf diese Weise die Jagdkunst erlernten. Die günstigste Zeit, diese Fallen zu stellen, war im Frühling. Um diese Zeit sammelten sich die Vögel und hielten nachts ihre Balztänze. Jede Nacht kamen sie dabei an dieselbe Stelle. Victor legte dann zahlreiche Schlingen, die er aus Sehnen gemacht hatte. Es verfingen sich auf diese Weise immer wieder Vögel mit ihrem Fuß oder ihrem Kopf in den Schlingen.

Mit seinen Fallen fing er auch verschiedene Nagetiere; die Fallen stellte er entweder am Eingang zum Bau der Tiere auf oder hielt sie mit Hilfe eines langen Stocks davor. Wie die Vögel wurden auch diese Kleintiere für die Jungen von ihren Müttern geröstet, wenn sie damit nach Hause kamen. Dies war als Belohnung gedacht, um sie anzuspornen, gute Jäger zu werden.

Victor sagte, sein Stamm habe in früherer Zeit auch Fischfang betrieben, anders aber als bei einigen Nachbarstämmen sei der Fisch niemals ein Hauptnahrungsmittel gewesen. Gefischt wurde meistens im Winter durch das Eis hindurch. Angelschnüre wurden aus den Haaren eines Pferdeschwanzes gewoben. Als Haken diente ein Stück aus einem Dornbusch. Dieses Stück trug auf der einen Seite einen Dorn und auch einen Stengel, der als Schaft diente. Dieser Stengel wurde mit einer Sehne an das gewebte Haar festgebunden. Die Sehne diente auch als Köder.

Damals lebten die Leute die ganze Zeit unter freiem Himmel, darum kannten sie immer die ungefähre Uhrzeit am Stand der Sonne. Eine Zeiteinteilung in Stunden und Minuten war für sie nicht wichtig. Der Morgen begann mit einer Zeitspanne, die «erstes Licht» genannt wurde, es war die Zeit, die der Dämmerung voranging. «Das Licht kommt zur Erde» war die Zeit der Morgendämmerung. «Sonne voll sichtbar» war die Zeit nach Sonnenaufgang. «Die Sonne über dem Kopf» war Mittag. Danach kam «Sonnenuntergang» und dann die Zeit «vor der Dunkelheit». Nachts wurde die Zeit am Stand der verschiedenen Sternbilder abgelesen, insbesondere am Stand des Großen Bären. Der einzige Teil der Nacht, der einen besonderen Namen hatte, war die Mitternacht.

Die Zeitspanne eines Monats wurde ein «Mond» genannt. Der Name des Mondes war «Nachtsonne». Das Jahr begann mitten im Winter, wenn die Sonne ihren tiefsten Stand im Süden und der Mond seinen Stand am weitesten im Norden hat. Die Flatheads der alten Zeit sagten dann: «Jetzt kehrt die Nachtsonne zurück». Diese Zeitspanne hieß der «Mittwintermond».

Immer wenn der nächste Mond begann, sagten die Mütter zu ihren Kindern, sie sollten nach draußen gehen und sagen: «Audla; audla; audla.» Die Bedeutung dieses Wortes ist in Vergessenheit geraten, aber die Kinder zeigten mit ihren Händen auf den Mond und sagten das Wort auf, damit dieser kalte Monat (Januar) schnell vorüberginge.

Der März hieß «der Mond, in dem die Wildgänse kommen». Deren Ankunft war das Zeichen, daß der Frühling unterwegs war. Der Zeitraum um den Mai hieß «der Mond, in dem die Bitterwurzeln ausgegraben werden». Danach folgte der «Mittsommermond», ungefähr Mitte Juli, wenn die Pflanzen und

Gräser voll ausgewachsen waren. Ungefähr in den September fiel der «Mond der Wildkirschen», in dem die Brechkirschen gesammelt und getrocknet wurden. Diese Daten waren nicht so fest wie moderne Kalender, sondern abhängig vom Wetter und anderen natürlichen Einflüssen.

Zur Zeit von Victors Großvater, bevor die katholischen Priester kamen, versammelten sich die Flatheads jedes Jahr zu einem Mittsommer-Erntedankfest. Im Bitterroot Valley gab es dafür einen eigenen Lagerplatz, den «Tanzplatz». Der Oberhäuptling des Stammes führte sein ganzes Volk in einem Kreistanz rund um einen riesigen alten Baum. Männer und Frauen wechselten in der Tanzreihe ab, und alle Teilnehmer trugen Adlerfedern als Symbol für den mächtigsten Vogel am Himmel. Alle schwangen sie ihren rechten Arm im Takt der Trommeln und sprangen regelmäßig mit beiden Füßen vom Boden. Einige Medizinmänner sangen geheimnisvolle, besondere Lieder. Nach dem Ende jedes Liedes machten die Leute halt, hoben ihre Hände gegen die Sonne und sprachen ungefähr dieses Gebet:

«Sonne hi-yo, in der Ferne, hilf mir, daß ich gesund bleibe und nicht krank werde; hilf auch meinen Kindern, laß sie gesund sein und nicht krank werden.» Dann senkten sie ihre Hände gegen die Erde und sprachen auch zu ihr ein ähnliches Gebet, in dem sie für ihre Nahrung und für ihre Gesundheit und für ihr Leben dankten. Diese Zeremonie war ähnlich wie die Sonnentänze, die von den benachbarten Stämmen der Ebene wie zum Beispiel den Schwarzfuß abgehalten wurden. Die Zeremonie sollte den Leuten für den ganzen Rest des Jahres Kraft und Mut bringen.

Der Medizinbär der Schwarzfuß

Jetzt besuchen wir die Indianer in den Rocky Mountains, mit denen unsere Familie verwandt ist, nämlich die vier Gruppen, die man im allgemeinen Schwarzfuß nennt. Um das Land der Schwarzfuß von unserem Zuhause am Kootenay River zu erreichen, müssen wir drei oder vier Stunden mit dem Wagen über den Krähennestpaß fahren. Die Straße, auf der wir fahren, verläuft oft über dem alten Pfad, den früher die Stämme auf beiden Seiten der Rockies benutzten. Einige der uralten Lagerplätze sind immer noch in Gebrauch, zumeist als Rastplätze für Touristen.

Der Krähennestpaß hat seinen Namen vom Krähennestberg, einem herrlichen Aussichtspunkt, dessen weithin sichtbarer Gipfel sehr gut zu seinem Namen paßt. Eine Schwarzfußsage liefert jedoch einen interessanteren Ursprung für das «Krähennest», denn sie behauptet, es sei von Krähenindianern und nicht von Vögeln angelegt worden.

In alter Zeit lebten die Schwarzfuß viel weiter östlich und nördlich als die, die die ersten Weißen Ende des achtzehnten Jahrhunderts zu Gesicht bekamen. Damals war der Teil der Rocky Mountains, der später zu ihrem Gebiet wurde, noch das Land der Krähenindianer. Als die Schwarzfuß es mit Gewalt eroberten, zogen die Krähenindianer nach Ostmontana, in die Gegend um den Bighorn River und dessen benachbarte Berge. Aber ihre Krieger kehrten häufig zurück, um in der Dunkelheit Pferde und andere wertvolle Habe aus dem Lager der Schwarzfuß zu stehlen. Ein solcher Überfall traf auch die Nordpiegan-Untergruppe der Schwarzfuß, die häufig in der Nähe unseres Passes zeltete.

Während eines heftigen Sturmes schlichen sich die Krähenindianer mehrmals in das Lager der Piegan, ohne ertappt zu werden. Aber das Wetter war so schlecht, daß sie sich auf dem Rückweg verirrten und die falsche Richtung einschlugen. Als der Sturm vorüber war, sahen sie zu ihrem Schrecken, daß sie nicht bergabwärts in die Prärie, sondern bergauf gezogen waren. Was noch schlimmer war, sie sahen, daß zahlreiche Schwarzfuß ihre Verfolgung aufgenommen hatten.

Die Krähenindianer hielten Rat und kamen zu dem Schluß, der große, weithin sichtbare Berg sei ihre einzige Hoffnung auf Entrinnen. Sie verschanzten sich also auf seinem Gipfel, so daß die Schwarzfuß sie nicht angreifen konnten. Aber obwohl sie mutig und tapfer waren, fielen sie schließlich dem Hunger und dem Durst zum Opfer. Die Schwarzfuß ließen die Leichen ihrer Feinde im «Krähennest» zurück.

Tatsächlich verbrachten die Schwarzfuß weniger Zeit in den Bergen als die meisten ihrer Nachbarstämme, da sie auch ein großes Gebiet in der Prärie hatten, das sie durchstreifen konnten. Sie waren indessen stark genug, um ein weites Gebiet in den Rockies für sich in Anspruch zu nehmen, das sie zum Sammeln und Jagen und auch als Ort der Meditation benutzten. In den Bergwäldern wuchsen auch lange, schmale Fichten, die als Tipistangen sehr begehrt waren. Den Jägern lieferten Bergschafe und Bergziegen dicke Pelze, aus denen sich warmes Bettzeug und weiche Lederkleidung machen ließen.

Im ersten Buch dieser Reihe, «Der Rabe weiß, wo die Sonne wohnt», habt ihr schon etwas über die größte Gruppe der Schwarzfuß, die südlichen Piegan, die in einem großen Reservat in Montana leben, erfahren. Bis zum Jahr 1896 enthielt dieses Reservat auch einen wirklich großartigen Abschnitt der Rockies, der mittlerweile zum Gletschernationalpark gehört. In einem Vertrag mit der Regierung gaben die Schwarzfuß dieses Gebiet damals für eineinhalb Millionen Dollar auf, eine Summe, mit der man heute nicht einmal mehr ein einziges Hotel in diesem Park bezahlen könnte. Obwohl die Indianer in gewisser Weise betrogen wurden, ist das Ergebnis heute für alle zum Vorteil. In dem urtümlichen und unberührten Gelände des Gletscherparks leben außer vielen anderen wilden Tieren auch viele der letzten Grizzlybären der Vereinigten Staaten.

Die Einrichtung des Gletschernationalparks nützte auch den Schwarzfuß. Innerhalb dieses Parks wurden die letzten wirklich großen traditionellen Feldlager des Stammes abgehalten. Obwohl sie von der Großen Nordeisenbahn-Gesellschaft ausgerichtet wurden, um Reisende und Touristen anzuziehen, waren dies doch die letzten Male, wo Schwarzfußhäuptlinge und Schwarzfußkrieger mit Frauen und Kindern den Schmuck ihres Stammes anlegten und wie in der Vergangenheit in ihren alten Zelten lebten.

Mehr als dreißig Jahre lang, seit der Eröffnung des Parks im Jahr 1913, packten die traditionsbewußten Familien bei Sommeranfang ihre Habe zusammen und zogen auf einen der alten Zeltplätze in den Bergen. Die meisten transportierten ihr Gerät auf Wagen, und später benutzten jüngere Familien die ersten Lastwagen. Die Häuser, die Pferde und das Vieh wurden neben dem landwirtschaftlichen Gerät in der Obhut der älteren Söhne oder anderer Verwandter im Reservat zurückgelassen. Diejenigen, die in den Park zogen, verschoben ihre Alltagssorgen auf die Zeit nach ihrer Rückkehr.

Im allgemeinen wurde zuerst auf der großen Wiese hinter dem Touristenhotel am Ostgletscher das Hauptlager errichtet. Es bestand aus Balken und enthielt eine einfache Innenhalle, die groß genug war, um als überdachter Tanzplatz zu dienen, wenn das Wetter die Touristen vom Tipilager fernhielt. Wenige Minuten entfernt von dieser Stelle befand sich an einem blumengesäumten Pfad die Ostgletscherstation der Großen Nordeisenbahn, deren Symbol, eine Bergziege, sehr gut zu der Holzbalkenarchitektur und zum Anblick der Umgebung paßte. Touristen aus der Stadt waren oft überrascht, wenn sie aus dem Zug stiegen und von den Trommeln, dem Singen und Tanzen einiger alter Schwarzfußkrieger begrüßt wurden.

Ein Schwarzfußlager am Fuß des Berges «Der-zur-Sonne-geht» mitten im Gletschernationalpark um 1925. (Foto: Good Medicine Foundation)

Schwarzfußfrauen auf einem Pfad in den Rockies. Dies ist eine der vielen Fotografien, die in den letzten Jahren der traditionellen Lager in den Bergen entstanden. (Foto: Good Medicine Foundation)

Die Schwarzfuß, die im Park zelteten, erhielten eine symbolische Bezahlung in bar und Fleisch und andere Lebensmittelzuteilungen. Darüberhinaus verdienten sie Geld durch Vorführungen am Lagerfeuer; so erzählten sie Geschichten in Zeichensprache oder hielten für manche Besucher Taufrituale ab. Andere verdienten sich zusätzliches Geld durch den Verkauf von kunsthandwerklichen Erzeugnissen oder, indem sie Künstlern und Fotografen Modell standen. Bei einigen Gelegenheiten wurden sie sogar gefilmt. Manchmal verlegten einige Familien ihr Lager eine Zeitlang außerhalb des Parks, damit die Männer zur Jagd gehen und die Frauen ihre tägliche Arbeit verrichten konnten, ohne daß ständig Fremde in der Nähe waren.

Für die, die an diesen Berglagern teilnahmen, bestand die größte Befriedigung darin, daß sie das Erbe ihres Stammes in der friedlichen Schönheit ihrer angestammten Umgebung genießen konnten. Anders als viele andere amerikanische Indianer jener Zeit genossen sie auch das Interesse und die Achtung einflußreicher Weißer. Diese Tatsache stand im unmittelbaren Wider-

spruch zu ihrer Situation zwanzig Jahre vorher, als ein Regierungsbeamter versuchte, den Schwarzfuß das Tragen ihrer traditionellen Kleidung und das Feiern ihrer überkommenen Feste zu verbieten. Er wollte den Leuten sogar eine Geldstrafe auferlegen, wenn sie tanzten oder Trommel spielten!
Die jungen Schwarzfuß nutzten diese Sommerlager im Gletscherpark als die letzte Möglichkeit, die alten Stammessagen und die Abenteuer am Lagerfeuer zu hören – wie in der Vergangenheit. Wenn diese alten Geschichten in den Blockhütten und Baracken des Reservats erzählt wurden, machten sie nicht mehr den mächtigen Eindruck wie einst am Lagerfeuer. Ohnehin schickte die Regierung die Kinder die meiste Zeit des Jahres in Reservatschulen, wo sie von ihrer eigenen Kultur nichts erfuhren. Stellt euch vor, wie sehr sich vor allem die auf den Sommer freuten, die von ihren Eltern in die Zeltlager mitgenommen wurden. Hören wir eine dieser Geschichten, die man den Kindern über einen «Medizinbär» erzählte, der in den Berglagern der Schwarzfuß sein Unwesen trieb.

Diese Geschichte soll sich ungefähr um 1800 ereignet haben, als die Schwarzfuß zum ersten Mal den Weißen in ihrem Land begegneten. Eine kleine Schwarzfußgruppe lagerte damals am Cutbank River, gerade an der Stelle, an der der Fluß aus den Bergen in die Prärie hinaustritt. Sie waren gekommen, um unter den langen, dünnen Fichtenstämmen Tipipfosten auszusuchen. Es war früh am Abend, und die Männer waren zusammengekommen, um sich in einem der Tipis zu unterhalten. Draußen spielten die Kinder, während die Frauen Feuerholz sammelten und Wasser herbeibrachten. Plötzlich kam eine Frau mit ihrem Wasserbeutel in das Tipi, in dem die Männer zusammen waren, und unterbrach ihre Unterhaltung. Schnell erzählte sie den überraschten Männern, daß sie in der Nähe des Flusses einen Fremden im Busch gesehen habe.
Die Männer eilten zu ihren Waffen und schlichen sich dann leise zum Wasser. Am gegenüberliegenden Ufer sahen sie einen

feindlichen Kriegstrupp, der sich anschickte, den Fluß zu überqueren. Lautlos sahen sie zu, wie die Männer ihre Kleidung auszogen, die Waffen darin einwickelten und sie sich über den Kopf hielten, während sie den Fluß durchwateten.

Nur das Strömen des Wassers war zu hören, als die Männer aus dem Lager ihre Angreifer beim Näherkommen beobachteten. Als sie schließlich ganz nahe herangekommen waren, stieß der Anführer der Schwarzfuß einen Schrei aus, worauf alle ihre Pfeile abschossen. Innerhalb weniger Augenblicke waren alle Feinde tot oder verwundet bis auf ihren Häuptling, dem es gelang, sich in einen dichten Busch zu flüchten, in dem man ihn nicht sehen konnte.

Während einige der Krieger das Dickicht im Auge behielten, in dem sich der Häuptling versteckt hatte, wateten die anderen ins Wasser, um sich ihre Trophäen zu holen, die Waffen, die Kleider und die Skalps. Währenddessen stieß der Häuptling eine Flut von Beleidigungen gegen die Sieger aus und forderte sie zum Kampf heraus. Manchmal brüllte er laut, zum Zeichen, daß er die Kraft eines Grizzlybären hatte. Mittlerweile war es schon dunkel geworden, darum getraute sich niemand, den Kampf mit ihm aufzunehmen. Stattdessen umzingelten sie ihn mit gezückten Waffen.

Am folgenden Morgen gelang es den Männern, das Dickicht einzukreisen und ihren Feind zu erschlagen. Um seinen Hals fanden sie eine Kette mit großen Grizzlykrallen. Da wußten sie, daß er ein großer Medizinmann gewesen war, von dem sie schon gehört hatten, und fürchteten auch noch im Tod seine Macht. Das Lager wurde sofort abgebrochen und verlegt.

Die Tipis waren an dem neuen Lagerplatz noch nicht einmal aufgeschlagen, als eine neue Unruhe eintrat. Ein gewaltiger Grizzlybär kam in das Lager, zerstörte eines der Zelte und tötete seine Bewohner. Die übrigen Leute versuchten wegzulaufen, aber der riesige Bär tötete noch mehrere von ihnen, bevor er verschwand.

Noch viele Jahre danach wurden alle Lager, die man in der Nähe dieses Abschnitts des Cutbank River aufschlug, von demselben großen Grizzlybär heimgesucht. Das Volk spürte, daß es sich dabei um einen «Stellvertreter» des feindlichen Häuptlings handelte. Sie nannten ihn daher «Medizinbär» und fürchteten seine übernatürliche Macht.

Der alte Büffeljäger Last Gun («Letztes Gewehr»), von dem ich euch im ersten Buch dieser Reihe erzählt habe, lebte am Ufer des Cutbank River. Er kannte die Geschichte über diesen «Medizinbären» sehr gut, obwohl sie sich vor seiner Zeit ereignet hatte. Last Gun überquerte die Rockies – das Rückgrat der Erde – mehrere Male, um die Lager der Flatheads und der Kootenayindianer anzugreifen. Er folgte dabei einem Pfad entlang dem Fluß in der Nähe seines Hauses, der immer noch passierbar war, als ich Last Gun begegnete. Früher benutzten die Stämme von der anderen Seite der Berge eben diesen Pfad, wenn sie in die Ebene kamen, um Büffel zu jagen oder Pferde zu stehlen. Last Gun erzählte, es sei nicht selten vorgekommen, daß Feinde sich plötzlich unvermittelt weit oben in den Bergen gegenüberstanden. Hier ist die Geschichte einer solchen Begegnung.

Ein Kriegstrupp der Schwarzfuß kehrte mit den Pferden, die sie von den Flatheads erbeutet hatten, in die Ebene zurück. Der Führer dieser Gruppe war Mad Wolf («Verrückter Wolf»), ein berühmter Krieger, der im Jahre 1903 starb. Als sie anhielten, um Wasser zu holen und sich auszuruhen, hörten sie das Wiehern anderer Pferde, die ihnen von oben entgegenkamen. Schnell nahmen sie Deckung im Gehölz, bevor sie eine Gruppe von Kootenays erblickten, die ebenfalls mit gestohlenen Pferden nach Hause zurückkehrten.

Mad Wolf eröffnete die Schlacht, indem er den Kootenayhäuptling von seinem Pferd schoß. Obwohl sie überrascht worden waren, waren die Kootenays ihren Angreifern zahlenmäßig überlegen und wichen nicht. Mad Wolf verfolgte den verwundeten Kootenayhäuptling durch das dichte Gehölz und konnte ihn schließlich töten. Als er dem gefallenen Feind den Skalp nehmen wollte, sah er zu seinem Schrecken ein vertrautes Bild.

Ein unwirtlicher Pfad durch die Rocky Mountains in der Nähe des Eisbergsees. Two Guns-White Calf, «Zwei Gewehre – weißes Kalb», führt eine Gruppe von Schwarzfußindianern an, die zeigen, wie Kriegstrupps die Berge überquerten. Das Foto entstand im Jahr 1916. (Good Medicine Foundation)

An dem Gürtel des Kootenayhäuptlings hingen die Skalps von Mad Wolfs beiden Brüdern. Sie waren mit Mad Wolf aufgebrochen, aber wegen schlechter Träume von diesem Kriegszug frühzeitig zurückgekehrt. Das Schicksal hatte sie auf dem Cutbank-Pfad ereilt, wie es jetzt den Kootenayhäuptling ereilte. Mad Wolf meldete seinen zurückweichenden Kriegern diese Entdeckung und führte sie dann bei einem heftigen Racheangriff an, den mit Ausnahme einer alten Frau keiner der Kootenays überlebte. Sie gaben ihr etwas zu essen und zum Anziehen und sandten sie nach Hause – in der Hoffnung, auch ihnen würde einmal in der Not geholfen, so wie sie jetzt dieser alten Frau geholfen und sie geschont hatten. Mad Wolf (in der Sprache der Schwarzfuß: Siyeh) wird heute im Gletscherpark geehrt durch den Mount Siyeh und den gleichnamigen Paß.

Zwei Medizinzelte und der «Häuptlingsberg»

Südöstlich des Cutbank-Passes windet sich ein anderer Pfad durch die zerklüfteten Klippen des Berges «Aufstehender Wolf» hinab in die saftigen Felder um die drei Seen im Gebiet der «Zwei Medizinzelte». Dieser Ort galt den Schwarzfuß früher als sehr heilig. Heute ist es ein beliebter Campingplatz innerhalb des Gletschernationalparks. Wo Anfang des neunzehnten Jahrhunderts Tipis und Medizinzelte zu sehen waren, findet man jetzt Nylonzelte, Caravans und Wohnwagen.

Schon der Name des Ortes, «Zwei Medizinzelte», erinnert an eine Periode großer Not in der Geschichte der Schwarzfußindianer. Hier, am Fuß des majestätischen Berges «Aufstehender Wolf» und am Abfluß des mittleren «Zwei-Medizinen-Sees» versammelten sich die Schwarzfuß in einer lange zurückliegenden Zeit der Dürre und des Hungers. Die Büffel hatten die benachbarten Ebenen verlassen, die Flüsse waren ausgetrocknet, und nur in der Umgebung dieser Seen konnten die Frauen genügend Beeren finden, um den Hunger ihrer Familien zu stillen. Weil die Not so groß war und weil sich so viele Menschen versammelt hatten, beschloß man, zwei Medizinzelte statt nur eines zu bauen. Das Medizinzeltzeremoniell ist ein großes alljährliches religiöses Fest bei den Schwarzfuß.

Die religiösen Führer des Stammes – die Medizinmänner und die Medizinfrauen – fasteten und beteten während der Versammlung und baten die guten Geister um Hilfe und Beistand. In Träumen und Visionen erfuhren diese Menschen, daß sie sieben unter den Weisen des Stammes nach Norden zum «Häuptlingsberg» entsenden sollten. Nach dem Glauben der Indianer wohnte dort der Geist der Winde, denn diese wehen oft in heftigem Sturm gegen die ungeschützten Wände des fast dreitausend Meter hohen Berges.

Sieben alte Männer wurden ausgewählt und befanden sich sehr bald am Fuß des imposanten «Häuptlingsberges». Schon in der

Ebene hatte ein starker Wind geweht; er wurde stärker, als sie sich dem Gipfel näherten. Die alten Männer konnten ihn kaum noch sehen, als sie sich durch den aufgewirbelten Staub kämpften. Schließlich hatte keiner der Gruppe genügend Kraft und genügend Mut, um den öden Gipfel des sturmumtosten Berges zu erreichen. Enttäuscht kehrten sie zu dem Lager am See zurück und teilten dem Stamm ihren Mißerfolg mit.

Darauf wurde eine andere Gruppe von Männern zusammengestellt, die den Auftrag ausführen sollten. Diesmal wurden die tapfersten und wagemutigsten jungen Krieger ausgewählt und gleich zwei Gruppen von jeweils sieben ausgesandt. Auch ihr Weg war begleitet von schrecklichem Wind und fast unerträglichem Staub. Sie hüllten sich eng in ihre Kleider, ließen ihr Gepäck zurück und machten sich auf den Weg zum unzugänglichen Gipfel. Als sie sich der Spitze näherten, wurden sie durch dichte Wolken fast zur Umkehr gezwungen, weil ihren tränenden und zugeschwollenen Augen fast jede Sicht genommen war. Sie setzten sich in einem engen Kreis zusammen und sagten die Gebete und die Lieder auf, mit deren Hilfe ihre Seele den Körper verlassen und nach Berührung mit den Geistern suchen sollte.

Als das Gebet zu Ende war und die Männer begannen, wieder vom Berg hinabzusteigen, fielen schon die ersten Regentropfen. Wie ein riesiger Turban bedeckten Wolken den Gipfel und breiteten sich wie riesenhafte Flügel über die Ebenen aus. Der lang ersehnte Regen brachte der Erde neues Leben und Freude und Erleichterung für die Menschen im Lager.

Manch junger Mann hatte seinen Lieblingsplatz in der Gegend um die «Zwei-Medizinen-Seen» und zog sich dorthin zurück, um mit dem Wunder der Natur und den Geistern des Weltalls Zwiesprache zu halten. An solchen verlassenen und geheimnisvollen Plätzen suchte man im Schlaf oder in tiefer geistiger Versenkung nach Erscheinungen, nach Visionen. Diese Vision konnte dem Suchenden mitteilen, was er tun oder was er vermeiden sollte. Solche Traumbilder zeigten dem Suchenden oft bestimmte symbolische Gegenstände, Zeremonien oder Lieder, die er später wieder benutzen konnte, um die Gefühle erneut wachzurufen, die er zur Zeit der Vision empfunden hatte. Sie waren auch hilfreich in Zeiten von Not und Gefahr, insbesondere wenn die Person allein war und Unterstützung oder Freundschaft brauchte. Die Suchenden verbrachten oft mehrere Tage und Nächte mit Fasten und Gebeten, um dadurch Verständnis für die vielen Wunder der Natur zu gewinnen.

Obwohl meist Männer nach solchen Erscheinungen suchten, gab es auch einige Ausnahmen. So war bei den Schwarzfuß eine Frau namens Pitamakan («Laufender Adler») hochberühmt. Sie hatte beide Eltern verloren, als sie noch ein junges Mädchen namens «Wieselfrau» war. Wenn zu jenen Zeiten die Eltern ums Leben kamen, wurden die Kinder unter den Verwandten aufgeteilt, die sie wie ihre eigenen großzogen. «Wieselfrau» aber wollte dies nicht geschehen lassen und arbeitete hart, um ihre Geschwister bei sich im Tipi behalten zu können.

Aus der Not heraus lernte «Wieselfrau» viele Handfertigkeiten, die ansonsten den Männern vorbehalten waren. Sie lernte sogar zu jagen und Kriegswaffen zu benutzen. Einmal schloß sie sich einem Kriegstrupp an, der gegen Stämme im Westen der Rockies auszog. Sie hoffte, sie könne dabei die Pferde erbeuten, die sie für ihren Haushalt dringend benötigte. Sie hielt ihren Entschluß vor allen verborgen. Die Männer waren sehr überrascht, als sie herausfanden, daß «Wieselfrau» ihnen gefolgt war. Aber da war der Trupp schon so weit oben in den Bergen, daß es gefährlich gewesen wäre, sie alleine zurückzuschicken. Der Kriegszug war erfolgreich: Jedes Mitglied erbeutete mehrere Pferde; darum wurde ihre Begleitung günstiger beurteilt. Zu Hause waren die Leute so erstaunt über ihre Tapferkeit, daß sie einen alten Medizinmann baten, ihr den Namen eines geachteten Schwarzfußhäuptlings aus der Vergangenheit zu geben, den Namen Pitamakan.

Danach begann das Mädchen eine Laufbahn als Kriegerin und Pferdediebin, um die sich sehr bald Sagen rankten. Zunächst ging sie alleine in die Berge, um zu beten und zu fasten, bis sich ihr übernatürliche Helfer zeigten. Diese Visionen hatte sie in einer seltsamen Höhle unterhalb des «Zwei-Medizinen-Sees». Das Wasser des Sees versickert eine Zeitlang in der Erde, kommt dann aus dieser Höhle und stürzt in einem großartigen Wasserfall hinab. Erst vor kurzem hat die Regierung den zahlreichen Bitten der Schwarzfuß entsprochen, dieser Kriegerin zu Ehren den Ort «Wasserfälle-des-laufenden-Adlers» zu nennen.

Als sie älter wurde, wurde Pitamakan zum Anführer eigener Kriegstrupps, denen sich viele Männer gerne anschlossen, weil sie fast immer erfolgreich waren. Bei diesen Gelegenheiten tauschte sie ihre Frauenkleidung gegen die prächtige Kleidung eines Kriegers. Sie erbeutete viele Pferde und andere wertvolle Habe und konnte sich rühmen, eigenhändig drei Krieger getötet zu haben. Schließlich aber ereilte sie selbst das gleiche Schicksal, als ihr Trupp auf der Suche nach Pferden am Eingang eines feindlichen Lagers entdeckt wurde. Ihr Volk hält die Erinnerung an sie mit Geschichten lebendig, die ihre tapferen Taten erzählen.

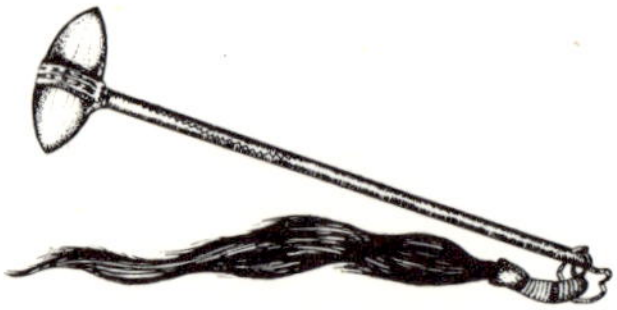

Der Berg «Aufstehender Wolf» trägt seinen Namen nach dem ersten Weißen, der unter den Schwarzfuß lebte und der auch der erste war, der diesen Teil der Rocky Mountains zu Gesicht bekam. Er kam als siebzehnjähriger Junge namens Hugh Monroe aus dem Osten. Er wollte das Leben der Fallensteller und Händler kennenlernen und ließ sich deswegen von der großen Hudson's Bay Company anstellen, die damals ein riesiges Territorium kontrollierte. Er wurde zu den Schwarzfuß geschickt und war der erste Weiße, der ihre Sprache erlernte. Man hoffte, daß dadurch die Übersetzungsarbeit in den Handelsstationen erleichtert würde. Aber anstatt zu seinem Posten zurückzukehren, wurde Monroe «Aufstehender Wolf», heiratete die Tochter eines Häuptlings und hatte mit ihr viele Kinder. Er teilte das Wanderleben ihres Volkes, und heute sind die Nachkommen von beiden geachtete Mitglieder des Stammes. Er war fast hundert Jahre alt, als er 1896 starb. Sein Grab befindet sich am Ufer des «Zwei-Medizinen-Flusses», ganz in der Nähe des nach ihm benannten

Berges. In Wirklichkeit aber war das Lieblingsgebiet von «Aufstehender Wolf» das Ufer eines anderen schönen Sees in der Nähe der kanadischen Grenze, nördlich des Gebietes, auf dem die beiden Medizinzelte standen. Dort lagen zwei Seen nahe beieinander, die die Schwarzfuß die «Inneren Seen» nannten, weil sie ganz von Bergen umgeben waren. Sein erster Besuch dort fand im Jahre 1816 statt, als sie noch völlig unberührt waren. 1846 zeigte er sie dem berühmten Jesuiten und Missionar Pater De Smet, der ihnen ihren modernen Namen St. Mary-Seen gab.

Hugh Monroe oder «Aufstehender Wolf» mochte die Gegend um die Inneren – oder St. Mary-Seen, weil sie sehr viel geschützter war als die offene Prärie, die die Schwarzfuß meist durchstreiften. Er mochte sie auch, weil er hier seiner Lieblingsbeschäftigung nachgehen konnte – dem Fischen, der Jagd und dem Fallenstellen. Im See gab es große Forellen, und zahllose Biber bauten ihre Dämme und Behausungen an seinen Ufern und an den Flüssen, die in ihn mündeten. Rehe und Elche waren überall anzutreffen, während auf den nahen Berghängen Bergziegen und Schafe lebten. Sogar Büffel kamen hierher, denn dies war die westlichste Grenze der großen Präricherden.

Daß er so weit entfernt von der Hauptmasse seines Stammes lebte, setzte ihn und seine Familie natürlich der Gefahr feindlicher Angriffe aus. Er unterrichtete darum alle seine Angehörigen im Gebrauch von Gewehren, die immer in Griffweite und immer geladen waren. Mehr als einmal mußten sie sich gegen Überfälle verteidigen, und die folgende Geschichte beschreibt einige der Gefahren, die sie überstanden.

Nachdem «Aufstehender Wolf» und seine Familie einen ganzen Winter im Fort Benton verbracht hatten, einem beliebten Handelsplatz mitten im Schwarzfußland, beschlossen sie, als die wärmere Jahreszeit kam, zum unteren St. Mary-See zu ziehen. Sie besorgten sich zwei Gespanne und Wagen, mit denen sie ihre Ausrüstung zum Zelten und zum Fallenstellen transportieren konnten. Sie hatten auch eine Herde guter Reitpferde. Mit Hugh und seiner Frau kamen sein erwachsener Sohn Heavy Eyes

(«Schwere Augen») mit seiner Frau und seiner verwitweten Schwester, Lizzie Monroe, die drei Kinder mitbrachte.
Nach einer Reise von mehreren Tagen erreichten sie den See und schlugen an seinem Ufer ihr Tipi auf. In dieser ersten Nacht war Heavy Eyes unruhig und fand keinen Schlaf. Er wußte, daß auch die benachbarten Stoneys – in der Zeichensprache der Schwarzfuß die «Halsabschneider» – diese Gegend gern zum Jagen aufsuchten. Schließlich hörte er, daß sich die Pferde auffällig bewegten, als hätte jemand sie aufgescheucht, und dies überzeugte ihn davon, daß etwas nicht in Ordnung war. Er nahm sein Gewehr und kroch hinaus, um nachzusehen.
Die Nacht war mondlos, aber der Himmel war von allen Sternen erleuchtet. Als er zu der Pferdeherde hinschaute, konnte er einen Mann erkennen, der gerade eines der Tiere lautlos wegführte. Er zielte, schoß und tötete den Räuber. Im Lichtblitz aus der Gewehrmündung sah er überall eine ganze Reihe von Feinden, einige legten den Pferden Stricke um, andere durchsuchten die Wagen nach Proviant und Vorräten.
Beim ersten Schuß stürzte die ganze Familie zu den Waffen, und bald wurde überall geschossen. Die Gegenseite hatte keine Gewehre, sondern nur Pfeil und Bogen. Zwei oder drei Feinde wurden noch getroffen, aber in der Dunkelheit war es unmöglich, sich sicher zu verteidigen. Auf den Befehl von «Aufstehender Wolf» nahmen alle ihre Waffen und folgten ihm auf allen Vieren in einen nahegelegenen Wald. Hier waren sie in Sicherheit und lauschten auf ihre Feinde. Als sie niemanden kommen hörten, zogen sie sich noch weiter zurück, bis sie einen Platz gefunden hatten, an dem sie sich verstecken konnten. Am Morgen waren sie auf einem hohen Felsen, von dem aus sie sich verteidigen konnten, falls sie angegriffen würden. Aber als es hell geworden war, sahen sie, daß die Übermacht der Feinde mehr an dem verlassenen Lager als am Kampf interessiert war. Neben der Pferdeherde ließen sie den Großteil der Ausrüstung mitgehen. Schweren Herzens sah die Familie zu, wie die Feinde ihre Habe plünderten. Was sie nicht mitnahmen, warfen sie auf die

Wagen, schichteten Reisig darum auf und steckten es in Brand. In einer Fußreise von mehreren Tagen kehrte die jetzt arm gewordene Familie zu den nächsten Gruppen der südlichen Piegan-Schwarzfuß zurück. Als sich die Nachricht von ihrem Verlust herumgesprochen hatte, kamen Freunde und Verwandte mit Geschenken, um das Verlorene zu ersetzen. Dies war bei den Indianern so Sitte. Am Abend des Tages hatten sie wieder ein eigenes Tipi, mit Bettzeug, Kleidern, Proviant und Kochgeräten – fast alles bis auf die Wagen und das Zaumzeug. Außerdem stellte man einen Kriegstrupp zusammen, der die Plünderer verfolgen und das Verlorene entweder zurückbringen oder die Feinde bestrafen sollte.

Aber es dauerte nicht lange, da war die Familie wieder zurück am St. Mary-See, um erneut ihr Glück zu versuchen. Diesmal bauten sie rasch eine überdachte Hütte aus Baumstämmen mit schmalen Fenstern, die als Schießscharten dienen konnten. Um ihre kleine Festung hoben sie in einigem Abstand einen Graben aus, um mögliche Angreifer fernzuhalten. Bald wurde ihre Mühe belohnt, denn sie überlebten mehrere Angriffe von Stoneys, von Schoschonen und von Krähenindianern. Sie hatten keine Menschenleben zu beklagen und verloren auch kein Hab und Gut, obwohl die Feinde über zwölf Krieger einbüßten. Schließlich gewann «Aufstehender Wolf» Ruhm und Achtung in der ganzen Gegend als ein ehrlicher und tapferer weißer Mann, so daß man lieber kam, um seine Familie zu besuchen anstatt sie anzugreifen.

Ganz in der Nähe des unteren St. Mary-Sees steht ein großer, abgeplatteter Berg, der in seiner Umgebung ganz allein dasteht. Er diente Reisenden in dieser Gegend lange als Orientierungspunkt. Betrachtet man ihn von den Büffelebenen aus, wie es die Schwarzfuß meist taten, dann scheint dieser Berg die anderen anzuführen. Darum nannten die Indianer ihn den «Häuptlingsberg».

Gegen Ende des neunzehnten Jahrhunderts waren die ersten

Weißen, die die steilen Hänge des «Häuptlingsberges» bestiegen, sehr überrascht, auf seinem Gipfel Büffelschädel zu finden. Es handelte sich dabei um sehr alte Schädel, die anscheinend schon sehr lange dort lagen. Der Stammesgeschichte zufolge wurden sie von tapferen Schwarzfußmännern benutzt, die sie als Kopfkissen während ihrer Suche nach Visionen hinaufgetragen hatten.

Nach den Schwarzfußsagen ist der «Häuptlingsberg» nicht nur der Sitz vieler heftiger Winde, sondern auch das Haus des Donners, wenn dieser in ihrem Land weilt. Der Donner ist für sie ein übernatürliches Wesen, das in Gestalt eines riesigen, adlerähnlichen Vogels durch die Sturmwolken fliegt. Bei vielen Stämmen heißt er darum «Donnervogel». Die folgende Geschichte über den «Donnervogel» wurde einem reisenden Schriftsteller namens Walter McClintock von einem alten Medizinmann, «Bringt-die-Sonne-hinunter», erzählt, der kurz nach 1900 starb.

Der «Häuptlingsberg» an einem dunstigen Spätsommermorgen. Im Vordergrund sieht man Büffel des Waterton-Nationalparks. (Foto: Adolf Hungry Wolf)

Einmal zeltete ich mit meinem Großvater und meinem Vater am «Grünen Ufer» (St. Mary River), ganz in der Nähe der Rocky Mountains. Wir jagten nach Bibern, die es dort sehr reichlich gab. Mein Vater ging zur Jagd, um Fleisch für unser Lager zu beschaffen. Er folgte der Spur eines Hirsches bis zur Baumgrenze eines steilen Berges, wo er eine Herde von Bergschafen sah. Er verfolgte sie in Richtung Nin-ais-tukku («Häuptlingsberg»). Als er sich dem Gipfel näherte, entdeckte er einen dichten, faulig riechenden Rauch, der aus einer tiefen Grube stieg.

Er ließ einen schweren Felsbrocken in die Grube fallen, um zu hören, wann er aufschlagen würde, aber es kam kein Echo, nur eine Rauchwolke, die so dicht und stickig war, daß er schleunigst die Flucht ergriff. Aber da kam ihm von unten eine andere schwarze Wolke entgegen. In seiner Angst versuchte er zu entkommen, aber plötzlich ertönte ein schreckliches Krachen, und mein Vater fiel wie tot zu Boden.

Er erblickte eine Frau, die neben ihm stand. Ihr Gesicht war schwarz angemalt, und rote Zickzacklinien verliefen wie Blitze unter ihren Augen. Hinter der Frau stand ein Mann, der eine große Waffe hielt. Mein Vater hörte, wie der Mann ungeduldig ausrief: «Ich habe dir gesagt, du sollst ihn gleich töten, aber du stehst da und hast Mitleid mit ihm.» Dann hörte er die Frau singen: «Wenn es regnet, ist das Dröhnen des Donners meine Medizin.» Dann begann auch der Mann zu singen und feuerte seine große Waffe ab. Der Knall war wie das betäubende Krachen des Donners, und mein Vater sah, wie ein Blitz aus dem großen Loch in dem Berg hervorzuckte. Er erinnerte sich an nichts mehr, bis er sich selbst in einer großen Höhle liegen sah; er konnte nicht sprechen und auch den Kopf nicht heben. Als er aber eine Stimme hörte, die sagte: «Das ist der Mann, der den Stein auf deine Feuerstelle geworfen hat», erkannte er, daß er im Haus des «Donnermachers» war. Er hörte das Geräusch einer Trommel und konnte sich nach dem vierten Schlag aufrichten und umschauen. Da sah er den «Donnerhäuptling» in Gestalt eines riesigen Vogels mit seiner Frau und vielen Kindern um ihn her. Alle diese Kinder hielten Trommeln in den Händen, auf denen die grünen Klauen des «Donnervogels» und sein Schnabel aufgemalt waren, von denen in Zickzacklinien gelbe Blitze ausgingen.

Wir nennen den Donner Isis-a-kummi. Wir glauben, daß er eine übernatürliche Person ist. Wenn er sein Haus verläßt, um mit Sturmwolken durch den Himmel zu ziehen, nimmt er die Form eines großen bunten Vogels mit langen grünen Klauen an. Der Blitz ist der Pfad des «Donnervogels».

Wenn der «Donnermacher» seine Pfeife rauchte, pustete er den Rauch zweimal gegen den Himmel und dann zweimal gegen die Erde. Nach jedem Pusten erdröhnte der Donner. Schließlich sprach der «Donnervogel» zu meinem Vater: «Ich bin der ‹Donnermacher› und heiße ‹Viele Trommeln› [der Name drückt das Geräusch des rollenden Donners aus]. Wenn du zu deinem Volk zurückkehrst, dann schnitze eine solche Pfeife, wie du sie mich hast rauchen sehen, und stecke sie in dein Medizinbündel. Sobald du im Frühling den ersten Donner rollen hörst, wirst du wissen, daß ich aus meiner Höhe gestiegen bin und daß es Zeit ist, meine Pfeife hervorzuholen. Wenn du jemals in ein schweres Gewitter gerätst und dich fürchtest, dann bete zu mir, indem du sagst: ‹Viele Trommeln›! Habe Mitleid mit mir, um meines jüngsten Kindes willen! Und dann geschieht dir kein Leid.» Sobald mein Vater zurückgekehrt war, steckte er in sein Medizinbündel eine Pfeife, die so aussah wie die, die ihm der «Donnervogel» gezeigt hatte.

Mein Vater fiel nicht in der Schlacht und starb auch an keiner Krankheit, sondern am Alter. Als er wußte, daß sein Ende nahe war, rief er mich zu sich und vertraute mir die Pfeife des «Donnermachers» an; er erklärte mir, es sei eine «langlebige Pfeife», die nicht mit ihm begraben werden sollte [wie das bei manchen heiligen Pfeifen der Fall war]. Ich habe sie noch immer und rauche sie nur bei wichtigen Anlässen …

Ich sollte hier hinzufügen, daß viele bekannte Schwarzfußindianer ebenfalls dem Geist des Donners solche übernatürlichen Besuche abstatteten, wie der Vater von «Bringt-die-Sonne-herunter» sie erlebt hatte. Deswegen gab es zeitweise zwei oder drei Dutzend ähnliche Pfeifen, die alle als Geschenke des Donners galten. Bis heute sind ungefähr zehn oder zwölf Stück im Besitz des Stammes geblieben. Jede von ihnen wird in einer tagelangen, komplizierten Zeremonie einmal im Jahr hervorgeholt, nachdem der Donner im Frühling zurückgekehrt ist.

Eine Zeremonie für «Alter-Mann-Wolf»

Auch heutzutage überragt der «Häuptlingsberg» immer noch das Grenzland zwischen den Schwarzfuß in Montana und zwei kanadischen Stämmen, die ihnen verwandt sind, den Blutindianern und den Nordpiegan. Wenn die Leute sich auf den Weg machen, um sich gegenseitig zu besuchen, ist der «Häuptlingsberg» von allen Seiten weithin sichtbar als ein Denkmal der Naturgewalten.

Zwei Jahre lang lebte unsere Familie in einem Blockhaus innerhalb des Blutindianerreservats in Sichtweite des «Häuptlingsberges». Ihr könnt euch vorstellen, wie ich mich fühlte, wenn ich zu ihm hinschaute, wenn ihr selbst schon einmal in der Nähe eines großen Naturdenkmals gewohnt habt. Auf vielen Wanderungen am unwirtlichen Unterlauf des Bullhorn River, wo unser Haus lag, wurde mir der «Häuptlingsberg» ein Freund und eine Quelle guter Eingebungen.

Manchmal war der Berg unseren Augen durch Gewitterwolken entzogen. Dann fühlte ich mich einsam, vor allem, wenn ich gerade zu Fuß oder zu Pferd allein unterwegs war. Diese Stimmung paßte gut zu dem stürmischen Wetter, das im allgemeinen das Verschwinden des Berges begleitete. War der Sturm vorüber, dann zeigte er sich wieder wie ein Leuchtturm am Horizont. Nach den letzten Stürmen des Winters hob sich der Berg in seinem Mantel aus frischgefallenem Schnee hell gegen den Himmel ab.

Als ich vor ungefähr fünfzehn Jahren einmal gegen Ende des Winters zu Pferd unterwegs war, erschien er mir so. Auf meinem kleinen Pony ritt ich durch die verschneite Prärie, um einen alten Medizinmann zu besuchen, der als «Alter-Mann-Wolf» bekannt war. An jenem Tag war es trotz der hellen Sonne so kalt, daß aus dem Maul meines Hundes Lobo, der flink neben mir herlief, und aus den Nüstern meines Pferdes weißer Dampf drang. Auf meinen Augenbrauen und Wimpern und auch auf meiner Pelzmütze türmte sich eine dicke Eisschicht. Glücklicherweise war ich warm angezogen; ich trug hohe Mokassins aus dickem Schafsfell und einen schweren Mantel mit Kapuze.

Ich besuchte «Alter-Mann-Wolf» zu Pferd, weil es nicht möglich war, unsere Straße mit dem Auto zu befahren. Am Tag zuvor hatte ein Schneesturm den Schnee so hoch aufgehäuft, daß unser Lastwagen steckengeblieben wäre. An manchen Stellen türmte der heftige Wind den feuchten Schnee zu Wänden auf, die fast so hart waren wie Beton. Solche späten Winterstürme können ganze Viehherden im Schnee einschließen, wie es früher oft den Büffeln passierte, so daß sie verhungerten oder aber in verborgene Felsspalten stürzten, wenn sie in der schneebedeckten Landschaft nach Futter suchten.

Damals waren wir mit «Alter-Mann-Wolf» sehr eng befreundet; er war für uns eine Art Lehrer. Er war schon über neunzig Jahre alt, und wegen des Sturmes machten wir uns Sorgen um seine Gesundheit und Sicherheit. Wenn seine Straße ebenso aussah wie unsere, dann konnte er keine Hilfe bekommen, falls er sie brauchte. Er lebte in einem kleinen altmodischen Haus draußen auf dem Land. Er war einer der letzten Indianer, die noch in den Tagen der Büffeljagd geboren waren, und auch einer der ganz wenigen, die noch viele Gebräuche aus jener Zeit befolgten.

Am Bullhorn River im Winter 1971. Ich bringe mein Pferd zum Trinken zum Fluß. Ganz in der Nähe liegt der «Häuptlingsberg», der wie ein ferner Freund über die schneebedeckte Landschaft ragt. (Foto: Beverly Hungry Wolf)

Im Winter zuvor hatten meine Frau Beverly und ich den Plan gefaßt, für «Alter-Mann-Wolf» eine traditionelle Zeremonie auszurichten, um ihm über die lange, kalte Jahreszeit hinwegzuhelfen. Er hatte beschlossen, im Indianerkrankenhaus in der Stadt zu bleiben, «damit ich niemandem zur Last falle, wenn ich zu Hause krank werde», hatte er gesagt. Die Aussicht auf die versprochene Zeremonie hielt ihn bei Laune.

Unglücklicherweise hatte sich der verspätete Schneesturm den Nachmittag ausgesucht, an dem unsere Zeremonie angesetzt war; wenige Stunden vor dem Beginn tobte er los. Einige Gäste waren schon eingetroffen und verbrachten schließlich zwei stille und angenehme Tage in unserem Haus, bevor ein Schneepflug die Straßen wieder freimachte.

«Alter-Mann-Wolf» hatte in seinem Haus auf uns gewartet, als der Schneesturm anfing, darum war er in Sicherheit, als der Sturm über das Land hereinbrach. Es war beruhigend, seinen Schornstein rauchen zu sehen, als ich später an jenem kalten Tag an seinem Haus ankam. Das bedeutete, daß er wohlauf war und daß ich mich gleich aufwärmen konnte. Wegen des tiefen Schnees, der Hügel und Pfade unter sich begraben hatte, hatte der Ritt ziemlich lange gedauert, obwohl die Strecke bei schönem Wetter und mit dem Wagen sehr kurz war. Im Haus fand ich «Alter-Mann-Wolf» in Begleitung von Mike Yellow Bull («Gelber Bulle»), den er seinen Bruder nannte. In Wirklichkeit waren sie Vettern, aber bei den Schwarzfuß ist das fast dasselbe. Mike war erst siebzig, darum hielt er es für seine Aufgabe, sich um den Älteren zu kümmern. Unter anderem fuhr er noch ein altes Auto, in dem die beiden in die Stadt fuhren, wenn sie Lust hatten. Die beiden alten Männer begrüßten mich fröhlich, als ich hereinkam. Mike sagte, nachdem sie mich von ferne hätten kommen sehen, hätten sie versucht zu raten, wer sie an einem solchen Tag zu Pferd besuchen käme. «Alter-Mann-Wolf» lud mich ein, mich neben ihn auf sein Bett mit dem Metallrahmen zu setzen, das sein Lieblingsplatz war. Auf der anderen Seite des Zimmers saß Mike auf seinem eigenen Bett. Auf diese Weise verbrachten sie lange

Stunden, indem sie Tee tranken, rauchten, über das Leben diskutierten und Lieder sangen.

Am Fuß des Bettes, auf dem wir saßen, lag ein Sack aus einem Kissenüberzug, der gefüllt und zugeknöpft war. Ich erkannte in ihm die Tasche, in der «Alter-Mann-Wolf» seinen besonderen Holzteller aufbewahrte, auf dem er zu besonderen Gelegenheiten nach überliefertem Brauch seine Mahlzeiten einnahm. Neben dem Teller waren da noch andere Gegenstände, die er bei Zeremonien benötigte, unter anderem ein perlengeschmücktes Ledersäckchen, das eine schwarze Pfeife enthielt. Diese Pfeife kannte ich sehr gut, weil sie eine der ersten war, die unser Onkel Willie «Adlerfeder» oder Atsitsina viele Jahre zuvor gemacht hatte. Ihr glänzender Holzstiel war so lang, daß er aus dem Sack hervorstand. «Alter-Mann-Wolf» nahm mit Gleichmut hin, daß die Zeremonie zu seiner Ehre wegen des Sturms verschoben werden mußte. Er bemerkte fröhlich, daß die Felder das Wasser bald nötig hätten, damit die Saat des nächsten Jahres gut aufginge. Zudem waren bei alten Leuten wie ihm Verabredungen immer abhängig vom Wetter und von der Stimmung. Sogar öffentliche Veranstaltungen wie Tänze und wichtige Zeremonien begannen weniger zu einer festgesetzten Zeit als dann, wenn sich genügend Leute versammelt hatten, ein Brauch, den man «Indianerzeit» nennt.

Später, als ich mich auf den Heimweg machen mußte, sagten die beiden Alten scherzhaft, ich solle doch warten, bis sie ihre eigenen Pferde gesattelt hätten, damit sie mitreiten könnten. In Wirklichkeit hatten sie keine eigenen Pferde mehr, obwohl sie sie doch fast ihr ganzes Leben über zum Reiten und zur Arbeit benutzt hatten. In seiner Jugend war «Alter-Mann-Wolf» auch ein bekannter Pferdedieb gewesen, seine Ziele waren aber weniger feindliche Lager als die Koppeln von Ranchern und Viehtreibern, da die Kriege zwischen den Stämmen damals schon aufgehört hatten. Diese Erlebnisse waren im Alter sein Stolz, da das Erzählen solcher Heldentaten bei vielen traditionellen Festen eine wichtige Rolle spielt.

«Alter-Mann-Wolf», der Medizinmann, und Wolf, unser ältester Sohn. Das Bild enstand im Jahr 1972 nach einer Zeremonie, die wir zusammen gefeiert hatten. Damals war er schon fast blind, aber ansonsten für einen Mann von neunzig Jahren noch sehr wach und rege. (Foto: Adolf Hungry Wolf)

Als ich mein Pferd bestieg, pfiff ich nach Lobo, der schnell herbeilief. Er folgte mir schon aufs Wort, obwohl er noch keine zwei Jahre alt war. Ich bekam ihn von einer Familie in den Bergen, die mir sagte, seine Mutter, eine deutsche Schäferhündin, stamme von einem wilden Buschwolf ab, dem kleineren Verwandten des großen Waldwolfs. Lobo zeigte diese Abstammung an seinen spitzen Ohren und an seinem buschigen Schwanz sowie in der Art, wie er geräuschlos das Gelände durchstreifte. Seit ich ihn in das Blockhaus mitgebracht hatte, war dies seine erste Reise. Es war ein schönes Erlebnis, ihn an meiner Seite umherlaufen zu sehen, mit seiner Nase am Boden, die Augen geradeaus gerichtet, als sei er mein Spurensucher.
Ich war überrascht, als Lobo plötzlich mit einem neuen Begleiter zu mir zurückkam, der ihm sehr ähnlich sah, aber etwas älter war. Im Hof von «Alter-Mann-Wolf» lebten mehrere Hunde, die seinen Enkelkindern gehörten. Doch dieser Hund kam nicht von dem Hof, weil die Hunde dort alle hell waren, dieser aber war dunkel. Der Anführer der Hofhunde war ein dreibeiniger Köter namens White («Weiß»), der wahrscheinlich diesen dunklen Hund verjagt hatte. Er sah freundlich aus und folgte uns, ohne sich umzuschauen; darum verjagte ich ihn nicht. Ich wußte noch nicht, daß seine Gegenwart seltsame Folgen haben würde. Auf unserem Nachhauseweg kreuzten wir eine der Hauptstraßen des Reservats. Sie war schon eher geräumt worden, weil sie zu zwei Schulen führte. Als wir sie erreichten, beschloß ich, ihr so weit als möglich zu folgen. Dies machte die Reise sehr viel leichter, vor allem für mein armes Pferd, das schon ganz erschöpft war, weil es durch den knietiefen Schnee stapfen mußte. Nach einer Weile hörte ich ein Motorengeräusch, das von einem Schulbus kam, der sich uns von hinten näherte. Da auf der Straße kein Platz für uns alle war, lenkte ich das Pferd eine Böschung hinab in den tiefen Schnee zurück. Der neue Hund war an Straßen gewöhnt, darum verstand er die Situation sehr schnell und folgte mir. Aber Lobo machte nur einen Augenblick halt und sah uns mißvergnügt nach. Er hatte keine Lust, noch weiter durch

Wolf Child, «Wolfskind», ein Schwarzfußindianer aus der Gruppe der Blutindianer. Er war einer der Ratgeber von Willie Scraping White alias «Alter-Mann-Wolf», der später unserer Familie soviel Gutes tat. Die Gegenstände, die Wolf Child sich ins Haar gebunden hat, sollen – ebenso wie sein Schild – auf dem Kriegspfad Glück bringen. (Foto: Edward S. Curtis, Good Medicine Foundation)

den tiefen Schnee zu laufen, drehte sich um und trottete auf der geräumten Straße weiter. Da dröhnte auch schon der Motorenlärm laut durch die stille Luft, und der Bus fuhr vorbei. Ich glaube nicht, daß Lobo mein Pfeifen noch hörte, vielleicht wollte er es auch nicht hören. Dann war es auch schon zu spät, der Bus hatte ihn überfahren.

Ich war verwirrt über diese unvorhergesehene Wendung der Dinge und den Verlust meines Freundes. Ich erinnere mich nur noch, daß ich abstieg und seine Leiche von der Straße nahm. Der neue Hund sah genauso benommen aus wie ich und jaulte vor Mitleid. Aber als ich meinen Weg nach Hause fortsetzte, blieb er mir weiter auf den Fersen, als sei alles so geplant gewesen. Zu Hause lief er gleich zu Lobos Freßnapf und legte sich dann zum Ausruhen in einen alten Schuppen, den wir als Hundehütte benutzten. Er sah Lobo so ähnlich, daß zuerst niemand den Unterschied bemerkte. Als die älteren unter unseren Besuchern die Geschichte hörten, behaupteten sie, Hunde hätten ein eigenes Gespür und dieses ganze Erlebnis habe in ihrer Welt eine ganz bestimmte Bedeutung. An diesem Abend drehte sich unser Gespräch um das Leben von Hunden, und dabei wurden mehrere Tiersagen erzählt. Hier zwei davon.

Der Hund bringt die Büffel zurück und andere Tiersagen

Dies ereignete sich vor langer langer Zeit, bevor Napi oder «Alter Mann» begann, überall Unfug zu treiben. Ich habe schon einmal erzählt, daß er dem Schöpfer dabei behilflich war, unsere Welt und alle lebenden Wesen auf ihr zu machen und daß er den Menschen zunächst auch oft geholfen hat, zum Beispiel so:

Einmal hatten die Menschen sehr lange Hunger gelitten, weil alle Büffel und anderen Jagdtiere verschwunden waren. Ihre Pfade waren mit Gras zugewachsen, und die Leute waren verzweifelt. Sie baten Napi, zu kommen und ihnen zu helfen.

Napi erschien alsbald und sagte, er wolle die Tiere suchen gehen. Er benutzte seine Zauberkraft und durchstreifte in kurzer Zeit fast die ganze Prärie, sah aber nichts, was die Leute jagen und essen konnten. Er suchte in Wäldern und auf dem Grund der Flüsse, bis er schließlich das «Rückgrat der Erde», die Rocky Mountains, erreichte. Dort fand er ein einzelnes Zelt, in dem eine Familie lebte, die aus einem Mann, einer Frau und einem Kind bestand. Napi vermutete, daß sie etwas mit dem Verschwinden der Tiere zu tun hatten, und so beschloß er, sie zu überlisten und herauszufinden, was es damit auf sich hatte.
Abermals benutzte Napi seine Zauberkraft und verwandelte sich in ein Hündchen. So ging er zu dem Tipi hin und winselte, als habe er sich verlaufen. Das Kind hörte ihn und kam aus dem Tipi, um nachzusehen, wo dieses Geräusch herkam. Als es das Hündchen sah, fand es Gefallen an ihm und hob es auf. Der kleine Hund leckte ihm die Hand und war sehr zutraulich.
Als das Kind das Hündchen in das Zelt brachte, schaute der Mann mißtrauisch und sagte: «Das ist kein echter Hund, jage ihn fort!» Aber das Kind bettelte so lange und inständig, daß die Frau den Mann schließlich überredete, das Hündchen dazubehalten. Der Mann war einverstanden, aber er sagte ihnen: «Ich sage immer noch, das ist kein Hund. Wenn wir seinetwegen in Schwierigkeiten kommen, dann seid ihr daran schuld!»
Napi blieb vier Tage bei dieser Familie, er behielt die Gestalt eines Hundes und spielte mit dem Kind. Jeden Morgen ging der Mann sehr früh mit Pfeil und Bogen weg, jeden Abend kam er mit frischem Fleisch zurück. Da war sich Napi gewiß, daß der Mann etwas über die verschwundenen Tiere wußte, konnte ihn aber nicht danach fragen. Schließlich bekam er die Möglichkeit, die Wahrheit zu erfahren, als der Mann seine Frau und das Kind mitnahm, weil sie ihm eine große Menge Fleisch nach Hause tragen helfen sollten. Sie wollten in der Prärie auf Wurzelsuche gehen, und die Frau wollte genügend Fleisch trocknen, um Proviant für die Reise zu haben.
Der Mann führte sie zu einer Büffelkuh, die er erlegt hatte,

obwohl in der Nähe keine Tiere zu sehen waren. Während die Leute damit beschäftigt waren, ihre Beute zu zerlegen, gelang es Napi, heimlich die Gegend abzusuchen. Er fand schließlich am Fuß eines großen Berges den Eingang in eine Höhle, und als er sie betrat, fand er dort alle Tiere eingepfercht. Schnell nahm er seine alte Gestalt an, damit er den Zaun einreißen konnte, und begann, die Tiere hinauszutreiben.

Als der Mann sah, daß die Tiere ausbrachen, sah er sich um und bemerkte, daß der kleine Hund nicht mehr da war. Voller Zorn sagte er zu Frau und Kind: «Ich habe euch gesagt, das war kein Hund. Nun hat er uns geschadet, und das soll er bezahlen!» Er stellte sich mit Pfeil und Bogen an den Eingang der Höhle und wartete, bis der Hund wieder herauskäme. Aber Napi war schlauer, denn er hatte sich schon in ein Büffelkalb verwandelt, so daß er mit den übrigen in die Prärie laufen konnte.

Damals war es für die Leute schwierig, mit Pfeil und Bogen Büffel zu jagen, denn sie hatten keine Pferde, mit denen sie sie einfangen konnten. Statt dessen warteten sie, bis die Tiere sich in der Nähe eines Steilhanges befanden und benutzten dann ein altes Ritual, mit dem sie die Büffel über die Kante trieben, so daß sie sich auf den darunterliegenden Felsen zu Tode stürzten. Diese Jagdmethode hielt sich bis in die Mitte des neunzehnten Jahrhunderts und wurde immer dann eingesetzt, wenn die Leute eine große Menge Fleisch auf einmal benötigten. (Sogar heute noch ist der Boden dieser sogenannten Büffelklippen mit alten Knochen, steinernen Pfeilspitzen und anderen Überresten übersät.)

Der böse Mann, der alle Tiere versteckt hatte, besaß genauso wie Napi Zauberkraft. Er verwandelte sich in einen Raben. Jedesmal, wenn die Büffel auf eine Steilwand zugetrieben wurden, flog er ihnen entgegen und erschreckte sie so, daß sie nach einer Seite ausbrachen. Darum litten die Leute weiterhin Hunger, obwohl die Tiere zurückgekehrt waren.

Aber auch der Rabe bekam Hunger, und das wußte Napi. Er verwandelte sich in einen Biber und legte sich an das Ufer eines Flusses, als sei er tot. Als der Rabe sah, daß sich eine Mahlzeit bot, flog er rasch herbei. Da griff Napi nach ihm und packte den Raben an beiden Beinen. Er eilte mit ihm zum Lager, damit sich die Leute entscheiden konnten, wie sie ihn für seine Taten bestrafen wollten. Man beschloß, ihn nicht umzubringen. Statt dessen wurde er so an einen Tipipfosten gebunden, daß er gerade über dem aufsteigenden Rauch hing. Er bettelte um Mitleid und wäre fast am Rauch erstickt. Schließlich nahm man den Rußgeschwärzten ab, nachdem er feierlich versprochen hatte, nie wieder die Tiere zu verstecken, sondern seine Nahrung zu erjagen wie alle anderen auch. Seit dieser Zeit sind die Raben schwarz, und man sieht sie im allgemeinen in der Luft, wie sie nach Futter suchen.

In diesen frühen Zeiten war es nicht ungewöhnlich, daß manche Leute Zauberkräfte besaßen, durch die sie mit den Tieren sprechen und manchmal sogar bei ihnen leben konnten. Dieser Zauberkraft hatte es einmal ein Mann zu verdanken, daß ihn ein Rudel Wölfe rettete, als er in eine Falle geriet und am Verhungern war. Hier ist seine Geschichte.

Dieser Mann war mit zwei Schwestern verheiratet, die ihre Zeit damit verbrachten, zu klatschen und im Lager böse Geschichten zu verbreiten. Dies brachte ihn in solche Verlegenheit, daß er schließlich beschloß, sein Zelt weitentfernt aufzuschlagen, wo sie keinen Schaden anrichten konnten. Er dachte, dies würde ihnen ihre schlechten Gewohnheiten austreiben und irgendwann könnten sie wieder zu ihrem Stamm zurückkehren.

Aber die beiden Schwestern wurden sehr böse über ihre Verbannung in die Einsamkeit und beschlossen schließlich, ihren Mann zu töten, um sich von ihm zu befreien. Der Mann ging jeden Abend alleine fort und setzte sich auf einen Felsen auf dem Gipfel eines nahegelegenen Hügels, wo er seine Pfeife rauchte und das Land beobachtete. Am folgenden Tag, als er zur Jagd gegangen war, gingen die beiden Schwestern zu diesem Felsen, gruben eine tiefe Grube und schafften den Dreck in einem Büffelfell beiseite. Als sie mit der Tiefe der Grube zufrieden waren, deckten sie sie mit Stöcken, Gras und Erde zu und legten den Stein wieder an seinen Platz. Dann kehrten sie in ihr Zelt zurück und taten, als sei nichts geschehen.

Am Abend ging der Mann nach dem Essen wie gewöhnlich zu dem Felsen. Die beiden Frauen beobachteten ihn vom Eingang des Zeltes, und sobald sie ihn in die Grube fallen sahen, packten sie ihre Habe und machten sich auf den Weg nach Hause. Als sie sich dem Lager näherten, fingen sie an zu weinen, als seien sie in Trauer, und erzählten den Leuten, ihr Mann sei umgekommen.

Die Grube war so tief, daß sich der Mann bei seinem Sturz verletzte und sich alleine nicht befreien konnte. Mehrere Tage und Nächte lag er hilflos da und glaubte, er müsse sterben. Schließlich kam ein Wolf in der Nähe vorbei und hörte, wie der Mann vor Schmerz stöhnte, darum beschloß er, ihm zu helfen. Er heulte so lange, bis der Rest des Rudels dazukam. Als er den Wölfen sagte, was er vorhatte, erklärten sich die anderen mit seinem Plan einverstanden. Sie machten sich an die Arbeit und gruben sich in die Erde ein, bis sie eine absteigende Bahn ausgehoben hatten, die bis auf den Grund der Grube hinabreichte. Daraufhin zogen sie den Mann heraus.

Als der Mann so weit genesen war, daß er wieder reisen konnte, brachten die Wölfe ihn in ihr eigenes Lager, wo ein alter Wolf seine Verletzungen pflegte, bis er wieder gesund war. Dann benutzte er seine Zauberkraft, um seinen Kopf, seine Arme und seine Beine so zu verwandeln, daß sie aussahen wie die eines Wolfs, obwohl der Rest seines Körpers sich nicht veränderte. Daraufhin konnte er laufen und mit seinen Rettern auf die Jagd gehen.

Damals suchten die Wölfe oft ihr Futter an den Büffelklippen, wenn die Leute auf der Jagd besonders erfolgreich gewesen waren. Dabei waren sie aber immer in Gefahr, in die Fallen zu geraten, die in der Nähe der getöteten Büffel aufgestellt wurden, da es die Menschen auf Wolfspelze abgesehen hatten. Der Mann, der jetzt mit den Wölfen jagte, kannte aber die Fallen und wußte, wie man sie zerstörte, und so waren sie in Sicherheit.

Eine lange Zeit hindurch fingen die Leute keine Wölfe mehr, weil ihre Fallen immer zerstört wurden. Sie konnten sich das nicht erklären und beschlossen, herauszufinden, wie es dazu kam. Nach einer erfolgreichen Büffeljagd blieben einige an den Klippen zurück, um Wache zu halten. Zufällig war es eine mondhelle Nacht, so daß sie einen Mann erkennen konnten, der halb wie ein Wolf aussah und überall die Fallen zerstörte. Jetzt waren sie noch ratloser, und darum beschlossen sie, ihn einzufangen.

Als sie das nächste Mal Büffel erlegt hatten, brachten sie eine Portion Dörrfleisch und andere besondere Speisen herbei und legten diese in die Nähe einiger großer Felsen, hinter denen sich mehrere Männer versteckten. Als die Wölfe wieder erschienen, suchte sich der Halbmensch das gute Essen aus und wurde sofort von den versteckten Jägern umringt, die ihn mit Stricken fesselten.

Als sie ihren Gefangenen ans Lagerfeuer brachten, erkannten sie in ihm den Mann, der angeblich umgekommen war. Als sie seine Geschichte hörten, stürzten die Männer wieder mit ihren Strikken los und fesselten seine beiden Frauen. Der Mann bat, man solle die Frauen als Geschenk den Wölfen überlassen, die ihn gerettet hatten. Zum Dank dafür brach der alte Wolf seine Verzauberung und erlaubte dem Mann, seine frühere Gestalt wieder anzunehmen.

Einige Jahre später hatten die Leute abermals ein seltsames Erlebnis mit einem Tier, diesmal mit einer sehr klugen Schildkröte. Diese Schildkröte lebte in einem Fluß, an dessen Ufer die Leute ihr Lager aufgeschlagen hatten. Eines Nachts kroch die Schildkröte zu einem der Tipis und schaute hinein. Darin schlief eine Frau, die so schön aussah, daß die Schildkröte sie gerne haben wollte. Da sie aber viel zu groß für sie war, beschloß sie, sich mit ihrem Kopf zufriedenzugeben.

Der Mann dieser Frau war zur Jagd gegangen und kam erst spät in der Nacht zurück. Als er sein Zelt betrat und das Feuer wieder entfachte, war er entsetzt, den Körper seiner Frau ohne Kopf vorzufinden. Damals war es bei manchen Stämmen üblich, nicht nur den Skalp, sondern den ganzen Kopf der Feinde mitzunehmen, darum glaubte der Mann an einen Überfall. Er ging nach draußen und meldete seine Entdeckung.

Aber die Schildkröte war sehr langsam und hatte das Lager noch nicht verlassen, als der Alarm gegeben wurde. Einer der Männer, der aus seinem Zelt herbeigeeilt war, fand die Schildkröte, wie sie sich abmühte, den Kopf der Frau wegzuschleifen. Auf sein lautes Rufen strömten alle herbei. Jemand packte die Schildkröte, und alle fragten den Mann der Frau, was man mit ihr machen sollte. Er sagte ihnen, sie sollten ein großes Feuer machen, um die Schildkröte zur Strafe zu verbrennen.

Als das Feuer lichterloh brannte, kroch die Schildkröte von ihren Bewachern weg auf die Flammen zu. Als der Mann das sah, sagte er: «Wartet, das ist nicht gut, anscheinend ist das Feuer ihre Medizin, da sie hineinkriechen will. Wir wollen sie lieber zwischen zwei großen Felsen zermalmen.» Als die Schildkröte das hörte, kroch sie auf einen Stein in der Nähe und setzte sich auf ihn. Der Mann schaute ihr nach und sagte: «Nein, wartet, das ist verdächtig. Anscheinend sind auch die Steine ihre Medizin, legen wir ihr lieber einen Strick um, um sie zu erhängen.» Als die Schlinge geknüpft war, nahm die Schildkröte sie dem Mann aus den Händen und legte sie sich um den eigenen Hals, als sei es ihr nur recht so. Daraufhin sagte der Mann, so gehe es auch nicht,

auch das sei ihre Medizin. Daraufhin setzten sie sich alle im Kreis um die Schildkröte und berieten, was zu tun sei.
Schließlich schlug jemand vor, die Schildkröte an der tiefsten Stelle in den Fluß zu werfen. Sobald das ausgesprochen war, nahm die Schildkröte so schnell sie konnte Reißaus, als hätte sie große Angst. Da packte der Mann die Schildkröte und warf sie so weit er konnte in den Fluß, um seinen Rachedurst zu stillen, aber wenige Augenblicke später tauchte die Schildkröte stromabwärts wieder auf, lag auf dem Rücken und sang laut: «Ich habe einen Skalp erbeutet! Ich habe einen Skalp erbeutet!»

Als wir unsere Zeremonie für «Alter-Mann-Wolf» abhielten, gab es im Stamm schon niemanden mehr, der einen Skalp erbeutet hatte. Der letzte Krieger war drei Jahre zuvor gestorben. Eine solche Tat hätte dem Fest einen zusätzlichen Reiz gegeben, nämlich dann, als die «Bravourstücke» ausgerufen werden mußten. Diese Bravourstücke galten als Beweis, daß ein Mann mit Glück gesegnet war, denn sonst wäre er nicht mehr da, um sie zu erzählen. Indem man eine Geschichte, die für einen selbst glücklich ausgegangen ist, den anderen während einer religiösen Versammlung erzählt, wird nach altem Glauben auch das Glück mitgeteilt. Diese Geschichten werden immer in der Art einer Beichte und nicht als eine Prahlerei erzählt. Ihnen gehen Dankgebete voraus, bei denen man ähnliches Glück für alle Anwesenden erbittet.

Unsere Zeremonie fand eine Woche nach dem verspäteten Schneesturm statt, dessentwegen sie verlegt werden mußte. Unter den Anwesenden war der achtzig Jahre alte Albert Chief Calf («Häuptling Kalb»), der nach seinen Bravourstücken gefragt wurde. Sein berühmtestes Abenteuer hatte er als junger Mann gehabt, als er dabei entdeckt wurde, wie er in der Nähe der heutigen Stadt Calgary vor der Koppel einer Rinderranch Pferde stehlen wollte. Die Cowboys eröffneten mit Gewehren das Feuer, um ihre kostbaren Herden zu schützen. Obwohl niemand bei dem Feuergefecht getötet wurde, gelang es Chief Calf, einen der Söhne des Ranchers gefangenzunehmen, mit dessen Hilfe er sich zurückziehen konnte.

Damals hätte dieser Streich Chief Calf eine lange Gefängnisstrafe eingetragen, wenn er gefaßt worden wäre. Aber er entkam und galt darum in seinem Alter als ein Held. Dies war vor allem deswegen der Fall, weil die Rancher oft als ungebetene Neuankömmlinge angesehen wurden, an deren Besitz man sich nach Gewohnheitsrecht vergreifen durfte. Die Geschichte weiß von vielen Zwischenfällen zu berichten, in denen auch Rancher den Indianern die Herden weggenommen hatten.

Schlechtes Wetter hätte unsere Pläne fast zum zweiten Mal vereitelt. Statt Schnee und Kälte war das Problem diesmal die Hitze! Das Blutindianerreservat liegt in einem Gebiet auf der Ostseite der Rockies, das als «Chinookgürtel» bekannt ist. Chinooks sind große Warmluftströmungen, die vom Pazifik aus die Prärien erreichen. Wenn sie über die Berge kommen, schmelzen sie Eis und Schnee und lassen manchmal innerhalb von zwei Stunden die Temperaturen von zwanzig Grad unter auf zwanzig Grad über Null ansteigen! Am Tag der Zeremonie verwandelte dieser Temperatursprung die Flüsse in reißende Ströme und die Straßen in Schlamm. Die, die eigens anreisen mußten, kamen leicht in Gefahr, unterwegs stecken zu bleiben.

Beverly hatte sich bereit erklärt, einige verstreut wohnende alte Leute im Wagen abzuholen, und dazu brauchte sie mehrere Stunden. Auf der letzten Station fuhr sie in der Nähe des Städtchens Standoff in ein tiefes, von Wasser verdecktes Schlagloch und wäre fast mit ihren Passagieren steckengeblieben, wenn nicht zufällig ein Abschleppwagen vorbeigekommen wäre und sie herausgezogen hätte. Nach dem Schreck nahmen die alten Leute diese prompte Hilfe als ein Zeichen, daß das Fest einen glücklichen Verlauf nehmen würde.

Bis diese letzte Gruppe eintraf, war unser Haus schon voll. Unser kleiner Vorhof sah aus wie ein Schaufenster voller Stiefel und Schuhe! Aus unserem normalerweise leisen Wohnzimmer hallte lautes Stimmengewirr. Glücklicherweise war das Haus für eine große Familie angelegt, darum hatten alle Platz.

Der Hauptsinn der Feier, die wir ausrichteten, bestand darin, daß sich die Teilnehmer an Lieder aus ihren verschiedenen religiösen Ämtern und Pflichten erinnerten, die sie im Lauf ihres Lebens übernommen hatten. Die Abzeichen dieser Ämter bestehen aus bemalten Tipis, aus Kopfschmuck, aus besonderen Halsbändern, aus Medizinpfeifen und aus der Mitgliedschaft in bestimmten Vereinigungen wie zum Beispiel der der Crazy Dogs, der «Tollen Hunde».

Nur Männer und Frauen, die in diese Ämter eingeführt worden sind, dürfen an den Zeremonien teilnehmen. Jede Amtseinführung zählt für ein Lied, und jeder Teilnehmer sollte sechzehn Lieder kennen. Die ganze Zeremonie – die noch sehr viel mehr Besonderheiten aufweist – ist eine Art Vorführung heiliger Stammeslegenden.

Bei unserer Zeremonie gab es eine seltsame Zusammenstellung von Neffen. Als Veranstalter war es unsere Pflicht, für einen Anführer zu sorgen. Auf den Vorschlag von «Alter-Mann-Wolf» hatten wir seinen Neffen John Many Chiefs («Viele Häuptlinge») verpflichtet. Auf der anderen Seite des Zimmers saß dessen Neffe Edward Little Bear, «Kleiner Bär», der Beverlys Vater war. Und dann war auch noch unser eigener Neffe Donald Little Bear anwesend, dessen Vater Beverlys ältester Bruder war. Donald sollte sich um das Feuer, das Essen und das Anzünden der Pfeifen kümmern.

Unter den Gästen war auch der alte Dick Soup, dem das Haus, das wir bewohnten, ursprünglich gehört hatte. Er und seine Frau waren sehr fortschrittliche Farmer und Rancher gewesen; trotzdem waren sie aber der alten Stammesüberlieferung treu geblieben. Als unseren Nachbarn kannte ich ihn nur als alleinstehenden Witwer, der mich manchmal bat, ihn in die Stadt mitzunehmen. Ich hatte ihn noch nie auf einer Zeremonie erlebt, und man sagte mir, daß er in den vielen Jahren seit dem Tod seiner Frau an keiner mehr teilgenommen hatte. Ich war sehr beeindruckt, als ich seine sechzehn Lieder hörte, und erkannte, daß er in alle wichtigen Aufgaben eines religiösen Führers eingeweiht war. Er hatte sogar ein Tipi besessen, das wie unseres mit einem schwarzen Otter bemalt war.

Ich müßte viele Seiten schreiben, um alles zu erzählen, was sich in dieser langen, märchenhaften Nacht ereignete. Aber selbst wenn ich das versuchen wollte, würden mir bald die Worte ausgehen, um die Stimmungen und Gefühle zu beschreiben. Obwohl ich seither an vielen Zeremonien teilgenommen habe, habe ich diese eine darüber nie vergessen. Und zwar schon allein deswegen nicht, weil die meisten ihrer Teilnehmer mittlerweile nicht mehr sind ...

Besonders bemerkenswert war die ausgelassene Fröhlichkeit, die die ganze Nacht über andauerte. Sie hätte jene Leute sehr überrascht, die glauben, Indianer seien kalt und humorlos. Diese Fröhlichkeit war auch während einer religiösen Zeremonie nicht fehl am Platz – die Religion gehört für die Indianer zu allen Situationen des menschlichen Lebens, und religiöse Gefühle sind nicht bestimmten Gelegenheiten vorbehalten: das Leben selbst ist ihnen heilig, und Fröhlichkeit wie Trauer haben darin Platz.

Ein bewölkter Herbsttag in unserer Gegend am Kootenay River. Vor ihrem Spielzeugtipi sieht man von links nach rechts Wolf (13), Okan (9), Iniskim (8) und Star (3). Das Bild entstand 1982. (Foto: Adolf Hungry Wolf)

Inhalt

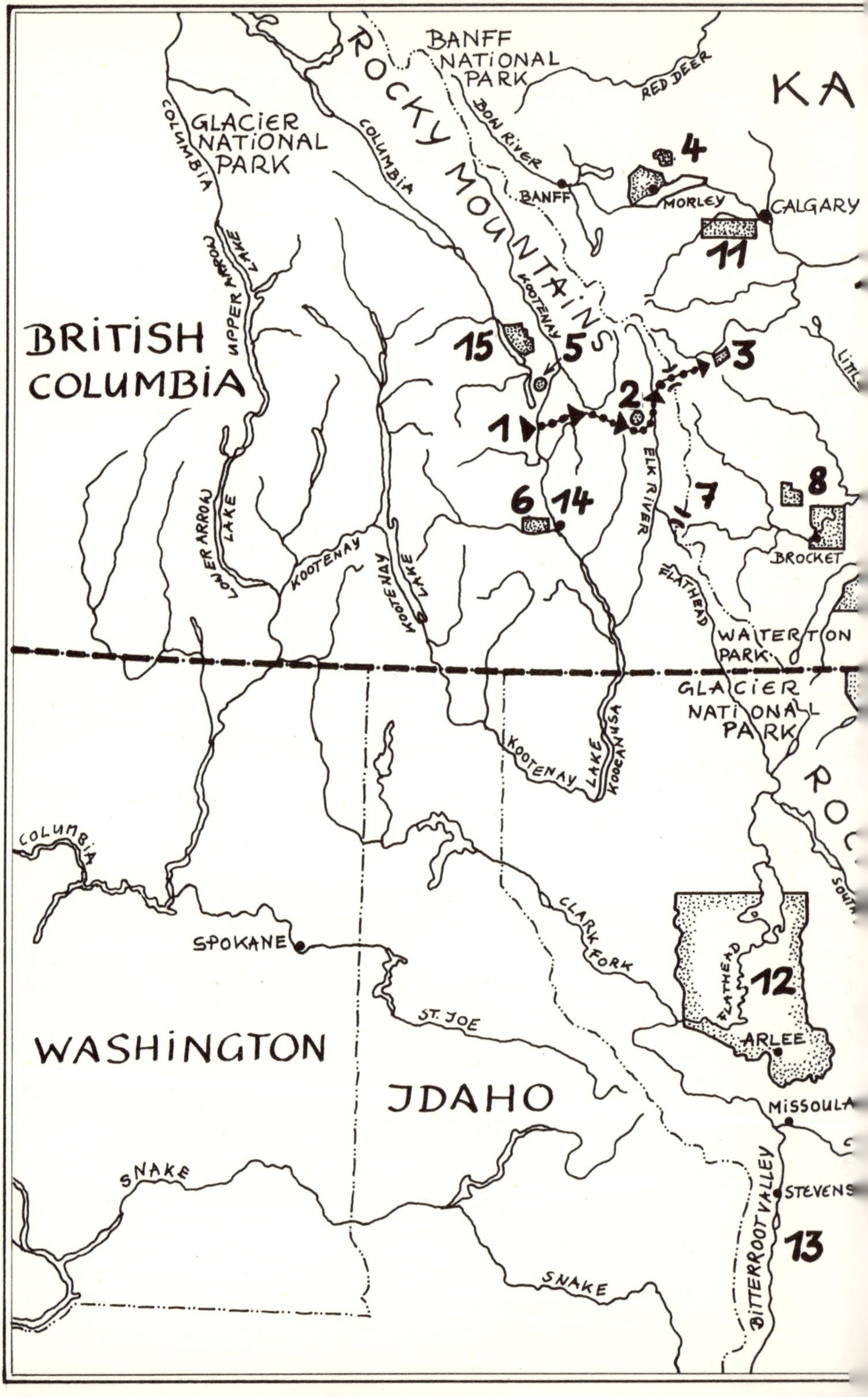

BANFF NATIONAL PARK
KA
RED DEER
ROCKY MOUNTAINS
BOW RIVER
GLACIER NATIONAL PARK
COLUMBIA
COLUMBIA
4
BANFF
MORLEY
CALGARY
11
UPPER ARROW LAKE
KOOTENAY
BRITISH COLUMBIA
15
5
3
2
1
ELK RIVER
7
8
6
14
LOWER ARROW LAKE
KOOTENAY
KOOTENAY LAKE
BROCKET
FLATHEAD
WATERTON PARK
GLACIER NATIONAL PARK
KOOTENAY
LAKE KOOCANUSA
COLUMBIA
CLARK FORK
SPOKANE
FLATHEAD
12
ARLEE
ST. JOE
WASHINGTON
JDAHO
MISSOULA
SNAKE
BITTERROOT VALLEY
STEVENS
13
SNAKE